TODAS LAS HORAS MUEREN

Miriam Beizana Vigo

Primera edición, 2016

ASIN: B01HTHJGA6

© MIRIAM BEIZANA VIGO
Sobre texto literario

Manuscrito corregido por Julio Rodríguez
Contacto: julioroyu@gmail.com

Para Olivia y Dorotea.

ÍNDICE

AGRADECIMIENTOS

La literatura, tan plagada de hermosura, de intenciones puras y de sueños. Sueños que nacen y crecen en la soledad, pero que se materializan y se convierten en realidad junto a aquellas personas que, sin más, abrazan una historia nueva y la convierten en propia.

Gracias a Olga por haber creado esta novela. Y a Estefanía por haberla comenzado.

Muchas gracias a aquellos que habéis leído *Todas las horas mueren* antes que nadie. Gracias por las apreciaciones, consejos, cariño y comprensión: Debie, que eternizó las horas de estas páginas; Manuela, mi madre, que puso en marcha mi reloj vital y acogió a Olivia y Dorotea con tanto amor.

A mis lectoras cero tan apreciadas: Nuria, que suavizó el "tic-tac" de mis inseguridades literarias; Ana, que compartió, y comparte, tantas horas con mis letras; Silvia Paz, que hizo de mis horas, sus horas

A Joana, que arregló la maquinaria de este reloj imparable.

A Julio, que usó sus herramientas para poner en marcha el tic-tac.

A David Pierre, por dedicar sus horas al amor literario.

A Gemma, valenciana mía, por las horas de insomnio.

A Carmen Sereno, por sus imparables horas.

Mención especial a todos los autores indies que han creído en mí. Sois muchos, pero os guardo a todos en un trocito de mis letras. Todos sabéis quiénes sois y lo que significáis para mí.

Agradecimiento especial a mi abuela. Sin ella Olivia no existiría.

Gracias al café, delicioso, de *Fontiña*.

Gracias a otros amigos y compañeros que habéis leído mi anterior novela, *Marafariña* y la habéis disfrutado con plenitud. Es gracias a todos vosotros por lo que me encuentro en esta nueva aventura literaria. Tenéis mi eterno cariño.

Gracias porque me habéis enseñado que no todas las horas mueren.

NOTA DE LA AUTORA

Para todos aquellos lectores que habéis entrado en *Marafariña* sabréis que el título de esta novela corresponde a la hipotética creación de uno de sus personajes fallecidos, Estefanía, cuya hija, Olga, tomaría las riendas de su narración en un futuro, finalizando las letras que su madre dejó tristemente inacabadas.

Todas las horas mueren ha supuesto un reto personal en muchos aspectos.

Se trata de mi segunda obra autopublicada pero, en realidad, su proceso de creación ha sido simultáneo al de mi primera novela, *Marafariña*, cuyo espíritu verde e infinito ha inspirado cada una de las páginas y personajes que otorgan vida a una breve novela trágica.

Contar la historia de Olivia, Dorotea y Laura ha sido para mí un desahogo con matices. Cuando me encontraba furiosa, desesperanzada, perdida, o cuando me azotaba sin remedio la falta de inspiración, las escuetas pero profundas páginas de *Todas las horas mueren* me ofrecían cobijo. Han sido como un pañuelo sobre el que derramar lágrimas sinceras, cargadas de muchos sentimientos desoladores y maravillosos al mismo tiempo. Porque la sinceridad del dolor nos recuerda, una y otra vez, que estamos vivos.

Son, pues, pequeños pedacitos de mis miedos, mis tormentos, mis anhelos y mi felicidad. Engloba, en sus páginas, cierta filosofía de pensamiento personal que deseaba (necesitaba) escribir. Me gusta decir que es un ensayo sobre el paso del tiempo, sobre el sufrimiento, sobre la superación, sobre la censura, la dictadura y sobre la fragilidad de la vida. Pero también me gusta pensar que cada uno de los lectores que se sumerja en las grises páginas de *Todas las horas mueren* encontrarán su propio aprendizaje, su propio pensamiento, sus propias horas.

Espero que disfrutes de la lectura, del viaje propuesto en las páginas que estás a punto de comenzar. No olvides que siempre serás bien recibido en la emblemática Cafetería de Fontiña, cuya chimenea nunca se apaga, donde el café está siempre recién hecho, regentado por una seria pero increíble anciana llamada Olivia Ochoa.

CAPÍTULO UNO

.

Olivia

Existían infinidad de cosas a las que Olivia Ochoa temía con todo su ser, hasta el punto en que, tan solo una mención, en sus disipados pensamientos, a ciertos temas, le hacía sentir molestos escalofríos e, incluso, sentir desagradables ganas de llorar. No soportaba esa debilidad, no soportaba no poder mantener la entereza que la caracterizaba cuando se encontraba en soledad, cuando nadie la veía, cuando contemplaba su cuerpo arrugado, maltrecho, caído a causa de los años que arrastraba tras de sí. Cuando se miraba a los ojos, no reconocía esa mirada oscura, que otrora fue más brillante que el propio sol. Esa mirada que pertenecía a una desconocida.

Nadie sabía que a Olivia Ochoa todavía le gustaba reflexionar, nadie sabía que dentro de esa anciana había una filosofía extravagante, una filosofía que predicaba su propia libertad como individuo solitario, que no se sostenía sobre nada, que avanzaba a pasos torpes y alicaídos, y que se derrumbaba con la misma facilidad con la que nacía. Garabateaba en un papel sus ideas, torturándose al comprobar que ya no eran tan eficaces, atractivas y voraces como lo habían sido en sus buenos años. En esos años en que era admirada, en los que algunas personas la reconocían cuando recorría calles concurridas de ciudades importantes. Esos años en los que sus pisadas no morían en las aceras grisáceas, sino que dejaban huella allá adonde iban. Porque habían sido años en los que se había sentido poderosa. Y grande.

Pero esos años habían muerto. Porque todo muere, y las horas no son una excepción.

Algunos creían que estaba vacía, que lo había perdido todo, que ya no le quedaba nada. O lo poco que le quedaba se ompodrecía lentamente. Vagabundeaba, solo era eso, una vagabunda más en un lugar al que amaba, pero en el que ya no podía ser feliz, porque la felicidad le había dado la espalda a la humanidad. Mas no estaba vacía, no. Olivia Ochoa podía ser muchas cosas, pero no era una mujer vacía. "Ojalá estuviera vacía", anhelaba. Porque el vacío no conocía el dolor, ni los recuerdos, ni la nostalgia, ni el temor. El vacío era la deliciosa paz extrema, la deliciosa manera de perderse rodeada de la nada, oscura, o blanca, o ambas cosas. Era indiferente. Realmente, el vacío no tenía forma, ni color, ni nada. No tenía nada.

Pero Olivia Ochoa estaba llena, plenamente llena. Llena de lo que ella no deseaba estar. Estaba llena de odio, de resentimiento, de frialdad. Tanta frialdad que su cariño y amor se habían congelado en cada uno de sus órganos vitales. Estaba llena de veneno hacia el mundo, de desesperanza, de cansancio, cansancio permanente. Estaba enferma de cansancio crónico. Estaba plagada de mal humor, de indiferencia, de vejez. Estaba impregnada de horas. De horas que morían.

Se tropezó con la luz del día que atravesaba la ventana. Podía ser un mes cualquiera, de un año cualquiera, de un lugar cualquiera. Pero las cortinas roídas, estampadas de margaritas sobre fondo rosado, le indicaban que se trataba de su habitación. Se sorprendió la anciana a sí misma intentando razonar detalles tan cotidianos y temió estar perdiendo la memoria también. Una mesa de madera, con grabados sin significado, con una máquina de escribir sobre la misma y multitud de hojas sueltas, estaban bajo esa ventana. Se preguntó cuánto tiempo hacía que no se sentaba frente a esas teclas a escribir. Tal vez una semana, tal vez dos, tal vez cinco años. O tal vez nunca había escrito nada realmente, y todo eran banalidades que ya nadie recordaba.

Apartó la mirada dolorosa hacia aquel cuadro al óleo que alguien muy especial, aunque no podría recordar quién, le había regalado. Había también un armario cojo al otro lado, junto a la puerta. Olivia Ochoa se incorporó en su cama torpemente y esperó a que aquel típico mareo matutino cesase. Olisqueó el aire como un perro, preguntándose si su habitación también olería a viejo. No reconoció ningún aroma típico. Tal vez aún preservase su dignidad.

Se levantó despacio, notando cómo su camisón se encontraba adherido a su cuerpo, pensando en cuánto necesitaba una ducha. Salió hacia el pasillo donde, justo enfrente, se ubicaba un pequeño cuarto de baño, el único de su casa, que se encontraba en muy mal estado. Deslizándose hacia su interior, cerró la puerta tras de sí, como si temiese que alguien fuera a verla al pasar, a pesar de que nadie viviese con ella. Finalmente, se deshizo de toda su ropa, a la vez que llenaba la bañera de agua y de jabón, el cual se deshacía en su interior, burbujeante debido a las altas temperaturas. Una vez se hubo llenado, se metió dentro, gimiendo de placer, e inspiró todo el vapor y la calma que le proporcionaba.

El agua perdió la fuerza del calor, el frío penetró su piel y se hizo desagradable mantenerse ahí dentro por más tiempo. Su mano, frágil y arrugada, tomó su albornoz y se cubrió la piel mojada. Se posicionó frente al espejo y peinó su cabello canoso debido al paso del tiempo, cortado de una manera elegante, voluminoso, solemne. Olivia frunció los labios con decisión, enfrentándose a un nuevo día.

Bajó despacio por las empinadas escaleras de madera. Ya desde allí se podía ver el resto de su humilde casa: una cocina pequeña y un estrecho salón, separadas ambas estancias por un par de vigas de madera torcidas. Bufó exasperada al comprobar que ya era necesario volver a pasar el polvo, pero no se sentía con energías para ello.

Preparó *café de pota,* con movimientos pesados y aletargados. Sirvió la bebida humeante en una taza de porcelana y se sentó sobre el sillón que estaba frente al televisor, que permaneció apagado. Miró a la nada, incluso después de terminar su escaso desayuno, incluso después de que transcurrieran varias horas. Se quedó ahí sentada, sintiéndose lamentablemente vieja, sintiéndose cansada, sintiéndose sin ganas de levantarse y dirigirse a lo único que le quedaba por amar.

Aquel fue el primer día desde que vivía en Fontiña que no salió a abrir El Café.

Fontiña

Fontiña se encontraba en algún punto, que no aparecía en los mapas, entre A Coruña y Santiago de Compostela. Se accedía a ella a través de un desvío sin señalizar de la Carretera Nacional 550. Había que conducir varios kilómetros hasta llegar a una intersección, indicada por un crucifijo roto, sin cristo, lleno de musgo y de humedad. En ese cruce, había que girar a la derecha, avanzando por una carretera de un único carril, sin pintar, sin iluminar, sin barreras protectoras, engullida por la vegetación.

Se trataba de un conjunto de viviendas en un pequeño valle rodeado de montañas, donde casi siempre llovía y donde las temperaturas solían ser muy frescas en cualquier época del año. Se componía de dos calles con casitas de dos plantas unifamiliares, un mercado local donde los vecinos del lugar vendían sus propios productos y El Café.

El Café llevaba abierto dos décadas. Era un lugar emblemático, famoso en la zona, y buscado por muchos, aunque no siempre encontrado. El local más hermoso de Fontiña, sin lugar a dudas. La mayor parte de los visitantes que se recibían allí era gracias a ese humilde negocio regentado por Olivia Ochoa, casi siempre a rebosar, casi siempre lleno, cargado de vida, oliendo a *café de pota* recién hecho, traspasando ese aroma a las calles, como dejando un rastro para que alguien que se había perdido lo encontrase con facilidad. Era un lugar de encuentro, de evasión; pero también de cultura, de personas que amaban la vida, o que querían aprender a amarla; donde se congregaban para escapar de todo lo horrible que había en el exterior, para hundirse durante horas, tardes enteras, en una de las mesas de madera, junto al fuego, siempre encendido en cualquier época del año; leyendo una buena novela, distribuidas por estanterías en cualquier parte, y a disposición plena de los clientes.

Y mientras ellos charlaban entre sí, ó leían, o miraban al fuego, Olivia Ochoa recorría las mesas con una elegancia propia y personal, de esa que no se adquiere, sino que se nace con ella. Vestía un delantal marrón, sujetaba la bandeja con una mano. No sonreía, pero tampoco era hosca. Incluso parecía que era un poco feliz mientras trabajaba.

Poco o nada se sabía sobre esa mujer, a la que era doloroso ver envejecer sin comprender los motivos. Algunos recordaban el día que había aparecido en la aldea, con la única posesión de una maleta de mano y una máquina de escribir antigua. Había preguntado por una pensión, con expresión cansada y la mirada hundida. Desafortunadamente, Fontiña carecía de pensiones.

—¿Y un Café? —había preguntado con voz tosca.

Decían que era una mujer que podía hipnotizar con la mirada, demasiado joven para tener todo el pelo completamente blanco, y demasiado esquelética para haber ingerido alimento en años. Algunos de los vecinos, los más mayores, la habían tachado de *Meiga* al principio. La noche de su llegada, el panadero, Manuel Otero, le había prestado su habitación de invitados, le había dado cena caliente y proporcionado aseo. Apenas había conseguido arrancarle más de dos palabras seguidas a aquella misteriosa mujer, que no rechazó una sopa, pero no quiso ni pan ni carne.

—¿Y de dónde viene usted? No tiene acento gallego.

—De muy lejos, de muchos lugares. No recuerdo en cuál nací exactamente, hace mucho tiempo de eso.

—¡Vamos! ¡Si usted es joven aún! ¡Apuesto a que yo tengo más años!

Su afabilidad tan solo fue respondida con una mirada seca de soslayo, mientras se secaba con suavidad los labios con un trapo.

—¿Sabe si hay alguna casa a la venta?

—¿En Fontiña? Ahora que lo dice, sí. Fernando, que es camionero, ha puesto en venta una casita que está justo en el centro de la aldea. Es muy pequeña, y necesita una reforma...

pero para ir tirando estaría bien. De todas maneras, él no llegará hasta finales de mes, y no creo que le importe que usted tome prestada su casa unos días hasta que...

—¿Cree que puedo comprarla hoy mismo?

—¿Cómo dice?

—Tengo dinero. Me gustaría comprarla cuanto antes.

Se levantó, ligera como un lagarto, y recogió la mesa en la que ambos habían cenado bajo la atenta mirada del panadero. La limpió con cuidado, en silencio y con seriedad. Luego llenó el lavadero con agua hirviendo y jabón burbujeante, donde hundió la vajilla sucia.

—Intentaré llamar a Fernando, a ver qué me puede decir.

—Se lo agradecería enormemente. Todavía tengo que pagarle por su hospitalidad.

—En Fontiña no cobramos por acoger a nadie.

—¿Acaso hay mucha gente de paso por aquí?

—No demasiada, la verdad —replicó el hombre—. Yo nací y crecí aquí. Me crie con mis padres que tenían la única panadería en kilómetros. Nunca conocí mujer, ni nunca me importó. Pero cocino el mejor pan de los alrededores y no se lo creerá, pero hay personas que se acercan aquí para comprármelo. Ese mismo que usted no ha querido probar, por cierto.

Olivia se giró para disculparse con la mirada. Era un hombre rubicundo, con la tez colorada, sin pelo, con expresión casi infantil y una eterna sonrisa.

—No quería ofenderle.

—¡Oh, no! No lo ha hecho.

—¿Quiere que prepare café?

—¿A estas horas? Yo iré a trabajar en poco tiempo, pero usted necesitará dormir.

—Yo probaré un poco de su pan y usted prueba un poco de mi café.

—Como quiera. También preparo unos bollitos rellenos

de crema muy buenos, si prefiere.

La mujer se sumergió en su tarea en silencio, mientras Manuel encendía un puro y lo saboreaba despacio. Era obvio que aquel hospitalario hombre no estaba acostumbrado a cenar en compañía y eso le agradaba más de lo que habría esperado. La observó de soslayo, muerto de curiosidad por quién era esa misteriosa mujer y a qué había venido a parar allí.

Olivia sirvió el café humeante en dos generosas tazas y se sentó a la mesa, con cierta expresión de satisfacción.

—¿También hace pasteles?

—Sí. En efecto.

Manuel echó azúcar a su café. Olivia se lo tomó solo, con la mirada absorta.

—¿Tiene un puro para mí?

—Por supuesto. —El panadero alargó la mano y tomó un estuche que descansaba en la encimera—. Sírvase usted misma.

—Gracias. Es muy amable.

—El café es delicioso.

—¿Sí? ¿Le parece?

—Realmente espectacular.

—Sus bollos son muy dulces, me encanta la textura.

—Es todo un halago viniendo de usted. Parece ser una mujer muy exigente. —Manuel saboreó el café, deleitándose—. Tiene pinta, además, de ser una persona culta, con una gran profesión. Profesora, tal vez.

—¿Le parezco una profesora?

—Sí. De esas de historia. O de matemáticas... ¿Me equivoco?

—Soy escritora.

—¿Escritora? Vaya. Eso explica la máquina de escribir.

—Es usted muy audaz, Manuel. Me gustaría pedirle que no lo diga por ahí, no me gustaría que los vecinos conocieran esa faceta de mí.

—Su secreto está a salvo conmigo. ¿Es una escritora

famosa?

Ella sonrió, sin contestar de inmediato. Sirvió más café y se tomó la libertad de elegir otro bollito.

—Aquí no —se limitó a decir.

—¿Ha venido a Fontiña a escribir, tal vez?

Olivia no contestó y por su mirada Manuel supo que el horario de preguntas había terminado. Cuando ella se dispuso a levantarse para recoger, él se adelantó apresurado con gesto servicial.

—Yo me encargo. Termínese su puro y acuéstese. Mañana intentaré hablar con Fernando y le diré algo sobre la casa.

—Gracias.

El panadero fregó las tazas y se secó las manos en su remilgado jersey de lana. Luego suspiró profundamente, sintiendo el ambiente silencioso, demasiado espeso, lo que le hizo sentirse ahogado.

—Será mejor que me vaya a trabajar. Tiene mantas en el armario de ahí, la cama de invitados ya está lista. Si necesita cualquier cosa, el horno está justo enfrente. No tiene pérdida. Que descanse, Olivia.

Ella asintió, lentamente.

—No me puedo creer que aquí no haya un Café.

—¿Cómo dice? —preguntó Manuel, ceñudo.

—No importa.

Dorotea

Dorotea conducía distraída, con la mirada entornada debido al cansancio. Notaba fuertes pinchazos en las cervicales y a lo largo de la espalda. Se removía en el asiento intentando acomodarse, pero aquella vieja butaca había perdido sus propiedades ergonómicas hacía mucho tiempo. Resopló y bajó la ventanilla manual, a la espera de que pronto encontrase algún sitio apropiado en el que parar a descansar y estirar las piernas.

No llevaba demasiado al volante, pero no estaba acostumbrada y se sentía agobiada sobre todo por el hecho de desconocer a dónde se dirigía. Siempre era complicado avanzar, cuando se hacía sin dirección, sin criterio, sin destino. Siempre era complicado vivir sin ninguna meta. Desafortunadamente, la mayor parte de las personas que Dorotea había tenido la ocasión, dicha o desgracia, de conocer, daban pasos agigantados sin saber por qué razón.

Le gustaba plantearse cuál sería su propia razón, sin obtener nunca una respuesta concreta. Más bien, esta variaba en función de su estado anímico, del clima, el tiempo o, por qué no señalar algo tan banal, las modas. Se definía a sí misma como una persona tristemente influenciable, carente de una personalidad firme, y débil como una filigrana cristalizada. Eso cuando se atrevía a pensar sobre ella misma, lo que no ocurría demasiado a menudo.

Escapaba de sus padres, impregnada de odio y de miedo, y también de amargura y profunda tristeza. Era demasiado joven para contar con la madurez suficiente para enfrentarse a la vida, pero demasiado adulta como para escudarse en su juventud. Se encontraba en la cuerda floja, siempre había estado en ella. Gorda, fea, con aspecto desolador, Dorotea no había nacido para ser una triunfadora. Y ese era un lastre tortuoso que había soportado a duras penas durante su corta existencia.

Ahora, encaramada al volante de ese coche viejo, seguía la serpenteante carretera desconocida, buscando algo en sus pensamientos mustios. Algo que le indicase qué era lo que podía hacer. Sin dinero, ni hogar, ni recursos, ni estudios, se sentía desalentada. Pero no podía regresar, ya no. No quería regresar. Regresar sería volver a perder, regresar sería volver a humillarse de nuevo. Y no quería sufrir un episodio así nunca más.

Temerosa de que aquel sucio vehículo la dejase tirada, se detuvo en el arcén de una población que atravesaba. Miró a su alrededor y apenas vio a un par de ancianos viandantes con ropas grises y rostros apáticos. Dorotea se apeó del coche y estiró sus resentidas extremidades, bostezando profundamente. Se preguntó dónde se encontraba.

Cerró la puerta sin echar llave y caminó hacia los dos vecinos. Tenía hambre y necesitaba un mecánico. Los viejos, con cara recelosa, se volvieron a mirarla, incrédulos.

—Buenos días, ¿podrían decirme dónde me encuentro?

Los hombres se miraron. Uno era bajito y escuálido. El otro más alto y fuerte.

—Estás en Fontiña, jovenzuela.

—¿A cuánto estoy de Santiago de Compostela?

—No lo sé. Tal vez a veinte kilómetros.

—Estupendo. Oigan, ¿saben si hay algún lugar donde comer algo? Y también necesitaría visitar a algún mecánico —preguntó, señalando al coche aparcado a sus espaldas.

El anciano más alto sonrió tristemente.

—Tomás trabaja fuera, pero volverá por la noche. Tiene un pequeño taller en el garaje de su casa, él estará encantado de echarle un vistazo a tu viejo trasto.

—Hay un buen lugar donde comer —añadió el otro—. Pero hoy está cerrado.

Dorotea se encogió de hombros, con desencanto. Allí no encontraría nada.

—Está bien. Muchas gracias.

La joven les dio la espalda y se disponía a regresar cuando uno de los ancianos gritó a sus espaldas con una considerable falta de tacto.

—Deberías ir a ver a la dueña del Café. A lo mejor ella puede ayudarte.

Dorotea se giró.

—¿A quién?

—Olivia Ochoa. Lleva abriendo el Café religiosamente durante veinte años. Hoy es el primer día que no se ha levantado para ir a trabajar. Por casualidad o no, tú estás aquí.

—No entiendo lo que quiere decirme.

Las campanadas de la iglesia ahogaron sus réplicas, y llenaron las silenciosas calles del melódico y desagradable ruido. Dorotea, sacudió la cabeza.

—Vaya a verla —insistió el hombre, sin amigabilidad.

—¿Para qué voy a ir a ver a alguien a quien no conozco?

—Tal vez ella pueda darle trabajo. Es una vieja cascarrabias que necesita ayuda y compañía.

—¿Qué les hace pensar que necesito un trabajo?

Dorotea vislumbró en su mente su propia imagen. Unos vaqueros desgastados y rotos, un jersey viejo que le quedaba demasiado grande y unas deportivas remendadas a duras penas. Tenía el cabello sucio y sin peinar, y hacía siglos que no tenía ni siquiera dinero para adquirir una crema hidratante para su cutis maltratado.

—Vive justo donde has aparcado el coche —indicó el hombre.

Se trataba de una casita revestida de madera, de dos plantas, muy estrecha. Las persianas estaban cerradas a cal y canto, y no había atisbo de vida desde el exterior. Justo al lado vio un local con el cierre echado con un rótulo de madera cincelada sobre la puerta: *El Café*.

Cucarachas

Existían momentos efímeros de tregua en los que se podía ser feliz. No eran algo demasiado común, ni algo que se alargase demasiado. Ni tampoco era algo de lo que la mayor parte de las personas pudiesen disfrutar. Era (es) un derecho reservado únicamente a un puñado de seres, llamémosles privilegiados, que saben sonreír en medio de la tempestad y carecen de temor al sufrimiento. Y, además, obvian la muerte como si nunca hubiera estado ahí. ¿Es posible, pues, gozar de la existencia mortal, efímera, condenada a su extinción, ignorando el destino irremediable hacia el que se camina, definido por el final absoluto del todo?

El tic-tac, tic-tac, tic-tac, tic-tac que todos, todos, todos llevamos dentro. Como una maldición hiriente, que nos desangra poco a poco, que va abriendo nuestras heridas, brotando de ella segundos, minutos, horas de vida. Presente en cada acción de nuestra vida, que llamamos cotidiana, es el tufillo constante que sufrimos por el simple y mero hecho de existir. Nos creemos grandes y no somos ni tan siquiera cucarachas.

Cucarachas. Cucarachas.

Olivia levantó la pluma del papel, casi rasgado por la fuerza aguda con la que su muñeca intentaba plasmar esos pensamientos en letras negras y brillantes. Gruñó, herida por ella misma. Notaba el peso del cansancio de todos los años que soportaba a sus espaldas, todos de golpe, como si una gran bola de hormigón acabase de aplastarle todas las costillas. Se apoyó en el mullido sillón. Tiró el papel al suelo. La pluma cayó por algún lugar y manchó la alfombra. Poco importaba ya. Era vieja, estaba sola, y el tic-tac era más rápido que nunca. Su vida se encontraba ahora en la puesta de sol... cuando llegase la luna, todo habría terminado.

El silencio gobernaba. Las ventanas cerradas a cal y canto, las llaves echadas. El teléfono no sonaría, pues se había preocupado de desconectar el cable. Tampoco nadie de Fontiña osaría importunarla, no hasta que se preocupasen de que hubiese muerto, que sería lo primero que todos esos queridos y odiados vecinos pensarían. *Olivia ya solo es un cadáver. Olivia ha muerto. La vieja del Café ha muerto.* Apretó su arrugado y débil puño, sintiendo la pura amargura de sí misma.

Setenta años. Había personas que vivían hasta los noventa, algunos acariciaban los cien. Pero setenta años era una edad respetable. Ella no creía que le quedase mucho más. Un puñado de meses si se alimentaba. Unos días si dejaba de comer y de beber. Sería sencillo, dejarse ir. Ya no le quedaba nada, nada que hacer en ese mundo. Ya no le pertenecía, ni siquiera sus libros le servían de consuelo. Páginas que se diluían en la mente de una sociedad demasiado necia para entenderlas.

Putrefactos, asquerosos. Siempre había estado muy por encima de ellos. Como una reina. Pero una reina muerta.

Llamaron a la puerta.

Abrió los ojos y aguzó el oído. ¿El panadero tendría el atrevimiento de llamar porque Olivia no había ido a recoger su pedido? Se sintió irritada y molesta. Si hubiera tenido energías se habría levantado y le habría vociferado con fuerza que se largase y que no volviese a molestarla. *Vuelve cuando haya muerto.*

Vela

Dorotea hacía nadar la cuchara sobre su plato de sopa ya frío. El fluorescente de la cocina se había roto, así que la estancia estaba solo iluminada por una vela de cera que estaba sobre la encimera. Su padre estaba sentado a su derecha, bebía una copa de vino y desmembraba un zanco de pollo de manera casi grotesca. Su madre estaba en su silla de ruedas, vacilando en el umbral de la puerta, mirando a las penumbras que parecía arrastrar ella misma. Nadie decía nada. Nadie se atrevía a hablar, o nadie tenía nada que decir.

La soledad era densa en su hogar, la soledad era densa en el interior de la vida de Dorotea. Adolescente, inmadura, miedosa y acomplejada, había avanzado dando palos de ciego hacia adelante intentando comprender la razón de muchas cosas. Pero ella no entendía los libros, no entendía la filosofía, no entendía la psicología. Era simple como lo eran la mayor parte de las personas, y eso hacía que, a veces, en momentos de tibia lucidez, se sintiera miserable.

—Voy a irme —barboteó la joven.

Al principio, silencio. Su padre y su madre ni siquiera hicieron una mueca, ni un gesto, como si las palabras de su hija carecieran de significado e importancia, como si fueran el ladrido de un perro incomprensible.

—Voy a irme —repitió.

Su padre machacó con el puño la mesa. La copa de vino cayó y estalló, haciendo un ruido agudo y amenazador. La muchacha permaneció muy rígida y miró a su madre. La mujer inválida tenía la mirada muerta clavada en el suelo ennegrecido.

Dorotea se quedó inmóvil. La cuchara tintineó en el plato.

—Cállate, hija de la gran puta —siseó el hombre.

La vela se apagó por un motivo desconcertante. Los tres

pares de ojos parpadeaban en la penumbra. Entre las sombras, podían adivinarse sus perfiles, algo inquietos, algo aterrados. Dorotea había comenzado a sudar y tenía unas ganas desagradables de orinar.

—Enciende la vela —masculló su padre.

Su madre no se movió. Dorotea titubeó.

—¿No me has escuchado, niña sucia y gorda? ¡Enciende la puta vela!

Dorotea se levantó temblorosa y a tientas, con tal torpedad que se golpeó contra la esquina de la mesa y esta se agitó irremediablemente. El plato de sopa se derramó sobre la camisa de su padre. Él profirió un alarido monstruoso y, con fiereza, tomó el plato y lo lanzó contra su hija, que logró esquivarlo a duras penas. La pieza de porcelana fue a parar a la pared y se quebró en varios trozos haciendo un sonido estridente.

—Por favor, por favor —gimoteó su madre.

—Lárgate de aquí, inútil —carraspeó el hombre—. Y cierra la puerta.

Dorotea se quedó inmóvil, aterradoramente inmóvil. Su madre arrastró la silla y cerró la puerta tras de sí, echando la llave. La muchacha, sin poderlo reprimir, soltó un gemido ahogado e infantil. Su padre se arrancó la camisa impregnada de sopa y se la lanzó a la cara. Apestaba a sudor y a tabaco.

—Tráeme un cigarro del mueble —le indicó.

Dorotea caminó despacio. Al avanzar, sus zapatillas hicieron crujir los trozos del plato que había desperdigados por el suelo. El silencio era tan denso que casi era sólido, casi lo podía respirar. Abrió el cajón muy despacio, como si de esa forma pudiera demorar más aún el paso del tiempo, y tomó la cajetilla intacta. Extrajo uno de los pitillos con desagrado y no pudo evitar que su mano temblase como una hoja al viento.

—Apúrate, maldita sea —gruñó su padre.

—Sí.

Dorotea lo aferró entre los dedos y volvió sobre sus pasos. Aquel escaso recorrido se le antojaron kilómetros.

Servicial, volvió a sentarse frente a su plato de sopa mientras dejaba el cigarro encima de la mesa. Tomó la cuchara, pero no fue capaz de llevarse ni un solo sorbo a los labios.

Él empezó a fumar de forma aletargada.

—La mano.

Dorotea fingió no escucharle.

—Pon la jodida mano sobre la mesa —masculló con tono amenazador.

La muchacha reprimió sus ganas de echarse a llorar. Colocó la mano sobre la mesa y cerró los ojos.

Su padre apagó el cigarro en la palma, mientras la joven apretaba los dientes hasta hacerlos rechinar.

Historia

Olivia golpeaba con insistencia las teclas duras de su máquina. Llevaba varias horas envuelta en la droga que suponía para ella escribir, alejada de todo excepto de sus personajes, de su historia que, si bien no era más que pequeños trocitos de ella misma, hacía que se olvidara por momentos de su realidad. Porque allá afuera, tras las delgadas y finas ventanas de ese apartamento mugriento, bajo un cielo encapotado, lo que se cocía en las calles no era agradable de ver ni de presenciar.

Olivia no era una cobarde, nunca lo había sido. Huérfana desde niña, se había criado con unos tíos maternos después de pasar los primeros años de su vida en un pobre orfanato del que provenían todas sus pesadillas. Pero, a partir de los seis años, había sido internada en un colegio de monjas y ahí había permanecido hasta alcanzar la edad suficiente para huir y hacerse un hueco en la vorágine del mundo desconocido por aquel entonces. No, en realidad la habían expulsado por mala conducta, por negarse a rezar, por maldecir a Dios y por escribir relatos inmorales y satánicos que habían alterado al resto de sus compañeras durante los últimos meses que permaneció allí.

En la década que había sido parte de esa familia religiosa, Olivia no había trabado amistad con nadie. Sentía a todas aquellas muchachas miedosas y pánfilas muy lejanas de su visión del mundo y de los matices de su pensamiento. De hecho, se había permitido el lujo de mirar siempre a todo el mundo que la rodeaba con desdén, por encima del hombro, con expresión torcida y los labios fruncidos. Apenas había intercambiado palabras con nadie, no hablaba sin que fuera estrictamente necesario, no participaba en chistes y nunca sonreía. Esa rutina, fría y patética, había avinagrado su carácter juvenil tan deprisa, que aquella Olivia joven nunca había conocido la felicidad y el deleite por la vida. No sabía simplificar.

Solo se sentía bien cuando escribía, pero hasta eso le provocaba dolor. Sí, durante un tiempo, cuando sus letras aún eran torpes y huecas, y aún no se atrevía a desnudarse frente al grueso papel, escribía únicamente para sí misma, para matar sus demonios durante las noches, para no pensar en que no tenía padres, ni familia, ni nadie que la quisiera. Pero después, con el paso irremediable del tiempo, cuando su raciocinio y sus inquietudes fueron adquiriendo tintes más adultos, su escritura muda y secreta la exasperaba, la llenaba de malestar, como si temiera que sus relatos e historias se pudriesen en el olvido sin ser reconocidos por nada ni nadie. Rota de dolor ante tal agónico pensamiento, comenzó a acercarse a las otras chicas y a dejarles leer sus letras. En ese punto, todo cayó en picado hasta precipitarse.

Si antes las demás la temían o la ignoraban, empezaron a detestarla y a mofarse por los sentimientos que plasmaba y exponía. Y, como forma de vengarse por su trato despegado y cruel, llevaron sus trabajos sagrados ante la Madre Superiora Dolores. Y aquel fue el momento en el que esa estación de su vida llegó a su final.

Durante las primeras semanas no sabía a dónde ir. No tenía ni una peseta. Durmió en las calles como una vagabunda, camuflándose con el color gris y marrón de Madrid. Muerta de hambre, sintiéndose humillada, se arrastró en busca de piedad, y consiguió ser acogida por una familia obrera con pocos medios, pero muy buenas intenciones. Esa fue la primera vez que se sintió querida.

Un manchón de tinta rompió la armonía de sus páginas.

Bufó ofuscada. Era demasiado difícil echar la vista atrás, pero necesitaba seguir escribiendo sobre sí misma. Se inclinó hacia atrás y dio un generoso sorbo al vaso de vino barato que descansaba en el escritorio. Se inclinó e ignoró la inquietud que sentía en su interior.

Consiguió trabajo en un taller de costura clandestino.

Las condiciones eran insalubres y las jornadas de trabajo de más de trece horas. La familia obrera apenas podía mantenerse a sí misma, así que Olivia trabajó todos los meses que pudo para poder pagarles lo que habían hecho por ella. Cuando consideró que había sido justa, una buena mañana se marchó.

Con varios manuscritos bajo el brazo y una máquina de escribir de segunda mano, se instaló en ese mugriento apartamento y se dedicó a las letras. Obligada, por la censura, a esconder con sumo cuidado sus historias reales, se dedicaba a publicar inocentes cuentos o historias insulsas que le permitían comer, pagar el alquiler y vivir con cierta dignidad. Ya por aquel entonces, Olivia era una escritora bastante conocida en la ciudad y en los alrededores.

¿Y después?

¿Qué ocurriría después?

Colocó un punto, deseosa de saber qué le depararía el futuro. Sonrió con esfuerzo y guardó la hoja en un cajón bajo llave. Esperaba que, muy pronto, el giro a su relato personal fuera amigable y benevolente con ella. El destino en el que no creía.

Publicaría un par de historietas en el periódico. Podría sobrevivir unos meses. Y luego, tal vez, exiliarse al fin y ser libre.

Entonces llamaron a la puerta. La joven Olivia, acostumbrada al silencio, a no ser nunca reclamada, se sobresaltó.

Puerta

Dorotea vaciló frente a la puerta. No parecía haber nadie en el interior o, al menos, ella no consiguió escuchar nada. Nerviosa, sintiéndose perdida y sola, refugió las manos en los bolsillos de sus viejos pantalones, dio un paso atrás y se resignó a volver al coche y esperar unas horas al regreso del mecánico. Mientras tanto, estaría atrapada en ese pueblo, rodeada de vecinos que la miraban expectantes. Pensó que, de todos los lugares del mundo en los que podría haberse quedado, esa era su peor posibilidad.

Atrofiada de desesperación, sintió el pueril impulso de echarse a llorar, notando cómo unas desagradables arcadas subían desde su estómago vacío hasta su reseca garganta. Con los ojos vidriosos, caminó con paso torpe hacia su vehículo. Pero apenas avanzó unos pasos cuando la puerta a la que había llamado con tímida insistencia se abrió. Y la desolada muchacha se volvió.

Una anciana, que lucía una delgadez extrema cubierta por un pretencioso albornoz de color grisáceo, se asomó. Tenía el cabello mojado, como si acabara de ducharse. Llamaba la atención que se encontraba descalza, y sus pies desnudos tocaban el suelo directamente. Dorotea sintió un escalofrío cuando aquella mirada densa, plagada de brumas opacas, se clavó en ella como insultándola o como queriendo echarla de ahí en ese preciso momento. Aquella vieja parecía enfadada, profundamente enfadada, por la presencia de esa joven de mal aspecto frente a su puerta.

Dorotea no supo qué decir, así que no dijo nada.

La anciana arqueó las cejas y todas las arrugas de su rostro parecieron torcer todavía más su tétrica expresión.

—¿Qué quieres? —gruñó entonces la anciana con hosquedad.

Dorotea tartamudeó ante la exasperación de su

interlocutora. Tuvo la impresión de que, si no hablaba de inmediato y de manera ágil, aquella mujer cerraría la puerta en sus narices. Pero ella no sabía qué debía decir. Aquellos hombres le habían dicho que llamase a su puerta, y Dorotea así lo hizo sin plantearse nada, haciendo alarde de su estupidez. Pensó que, tal vez, solo estuvieran burlándose de ella, y sintió cómo la vergüenza se apoderaba de sus mejillas.

—Necesito ayuda —dijo simplemente, con un hilo de voz.

Algo se movió en el porte firme de esa anciana que, a pesar de su aparente debilidad, parecía ser poderosa.

—Todos necesitamos ayuda.

Dorotea intentó buscar una respuesta coherente a esa observación que sintió casi como un ataque, pero no se le ocurrió nada convincente. Sacudió la cabeza, aturdida.

—Sus vecinos me han dicho que...

—¿Qué?

—Me han dicho que usted a lo mejor también necesitaba ayuda.

Nunca, a lo largo de su vida, Dorotea sabría determinar de dónde sacó las fuerzas y la valentía para que esas palabras, que desencadenaron todo lo demás, salieran de su boca con una serenidad de la que carecía.

—Panda de patanes entrometidos —masculló la anciana. Los miró extendiendo el cuello y buscando a los culpables, pero parecía que todo el mundo se había escondido de la despiadada mirada de aquella mujer feroz—. No necesito ayuda. Y si tú la necesitas, deberías de buscarla en otra parte. Solo soy una vieja que quiere morir en paz.

—Es usted la dueña del Café —aventuró Dorotea, desesperada.

—El Café ha cerrado.

—Dicen que lleva abriendo el Café sin falta durante los últimos veinte años. Dos décadas. Eso es justo el tiempo que yo tengo de vida. Es mucho tiempo.

—Solo son un puñado de años.

—En realidad, no.

—Vete de aquí.

—Necesito trabajar. No tengo a dónde ir.

—Aquí no hay trabajo. Lárgate.

—Se lo ruego.

—No ruegues. No te humilles jamás. No es forma de vivir.

—No conozco otra forma de vivir.

—Mientes.

Dorotea bajó la mirada.

—Será mejor que me vaya, entonces.

—Sí. —La anciana apretaba los puños con fuerza—. Me imagino que tendrás algún lugar al que dirigirte.

La muchacha observó, cabizbaja, cómo aquella imponente mujer cruzaba sus esqueléticos brazos. Un vacío negro se acomodó dentro de ella, y esas ganas de llorar que luchaba por reprimir eran cada vez más intensas. Retorció los dedos hasta clavarse las uñas en la palma de las manos y hacerse daño, hacerse daño a sí misma. Se mordió los labios, sintiendo cómo sendas lágrimas caían por sus acaloradas mejillas.

La mujer que tenía enfrente arqueó las cejas, parecía combatir contra su propia voluntad con ferocidad. Dorotea sollozó entonces y se disculpó con un titubeo patético.

—No tienes derecho a llamar a mi puerta y suplicarme que te ayude. Sea como fuere, me involucras en un compromiso por mucho que quiera ignorarlo. Ahora tengo una responsabilidad para contigo que no quiero asumir. ¡Maldita sea, niña! Solo estaba ahí sentada esperando a que la muerte viniera a por mí. ¿Qué derecho tienes a interrumpirme? ¿Qué derecho tienes a obligarme a acogerte?

—No le he pedido acogida. Solo necesito un trabajo.

—Has venido al sitio equivocado. Tal vez si hubieras venido hace unos días hubieras tenido suerte. Pero ahora es demasiado tarde y no puedo hacer nada.

—Yo abriré el Café. ¿Eso es lo que quiere?

—Dudo que estés capacitada para encargarte de mi Café. —La miró con desdén y cierta repugnancia—. Por favor, vete.

Y cerró la puerta con la misma violencia con que la había abierto. La muchacha se quedó sin aliento durante algunos segundos, segundos agónicos, en los que no sabía a dónde orientar el próximo paso de su existencia. Se dio cuenta entonces de que se enfrentaba a un dilema personal e individual, y se dio cuenta de que era la primera vez que había tomado las riendas y que podía hacer algo por sí misma. Y se dio cuenta de que era una completa inútil.

Llorosa y mareada, regresó al viejo coche y se refugió en el interior. Sin poderlo remediar, se dobló sobre el volante y apoyó la frente mientras ahogaba sus quejidos sinceros en las palmas húmedas de sus manos. Manos que estaban marcadas por múltiples quemaduras. Marcas que aquella anciana desdeñosa había visto a la perfección.

Destino

—Existen varias cosas de las que me gustaría hablar contigo. Así que escúchame con atención porque no me gusta malgastar energías en repetir lo mismo dos veces. No, no, deja eso. Deja eso. Luego lo terminas. Ahora solo mírame con atención y, por favor, no hagas tanto ruido al respirar... ¿Podrás hacerlo? Bien, perfecto. Quiero hablarte sobre mi pasado, Dorotea.

Olivia Ochoa intentaba reprimir su nerviosismo en el escudo de la serenidad que tan solo la vejez aporta. La mujer estaba sentada en una butaca, junto a las grandes ventanas del Café, a través de las que podía verse, nítidamente, la forma en la que la lluvia caía delicadamente sobre las casas grises y el paisaje verde. Esa armonía melodiosa, el transcurso innato de los sucesos naturales, le provocaba sosiego y paz. La contemplación siempre había sido una facultad que había considerado clave y muy necesaria. Por desgracia, había muchas personas que creían que se trataba de una pérdida de tiempo ridícula. *Ridícula.* Ridículo era el propio tiempo, y no por ello se le dejaba de prestar atención. Si, pensaba, cada cual se detuviera a mirar a su alrededor, a reflexionar sobre el mundo que los rodeaba, sobre la realidad más allá de la rutina, las miserias de la humanidad se verían reducidas a la mitad.

Pero el presente ocultaba con opacidad el futuro y renegaba del pasado. Y Olivia estaba muy segura de que aquello que se decía de que *lo pasado, pasado está* era falso, una mentira, una vil mentira para consolar a los deprimidos y aplaudir a los felices. El pasado forma parte del presente, incluso más que el propio ahora. El pasado es (era) lo que somos (fuimos). Marca la personalidad, marca la ideología, marca los pensamientos, lo marca todo. Sin el pasado, nada tendría cabida y, por lo tanto, lo es (era) todo.

¿Y el futuro?

En el futuro solo hay muerte. Por eso a nadie le gusta mirar demasiado al futuro. Pero Olivia siempre se dedicó a pensar en el futuro y en su propia finitud. Desde que era una cría lo había hecho así, y tal vez por eso ese sentimiento agónico de que cada segundo se esfuma, no le permitió vivir con la intensidad y alegría con la que otros lo hacían. Olivia no era otros, ni siquiera un poco. Olivia era una mujer compleja, diferente, soberbia. Olivia no quería tener miedo a nada, pero era una cobarde innata. Como todo ser humano.

Dorotea se frotó las manos en el mandilón y se sentó junto a la anciana. El Café estaba vacío y en silencio. Unas lámparas cálidas iluminaban el interior: el techo y las paredes revestidas de madera, las mesitas cuadradas, las butacas mullidas y acogedoras, la chimenea eternamente encendida. Había estanterías de libros desplegadas por todas partes para que cualquier cliente que lo desease pudiera tomar uno y refugiarse en otras realidades.

Los pasteles del panadero se exhibían con orgullo en una vitrina de cristal que Dorotea se ocupaba con primor de mantener limpia a diario. También olía a café intenso, a todas horas olía a café. Aunque, a veces, ese aroma se entremezclaba con un jugoso té de frutas.

Algunas composiciones florales estaban dispuestas a lo largo de la barra, dándole un colorido vivo y reluciente. Una florista de un pueblo vecino solía venir a cambiarlas cada dos o tres días y, aprovechando el viaje, había hecho amistad con la solitaria Dorotea, que agradecía encarecidamente tener la compañía de alguien joven que le hablase de lo que ocurría fuera de Fontiña. Olivia no le permitía escuchar la radio, poner la televisión o leer el periódico. No sabía si para castigarla o para protegerla.

Era lunes. Hoy no vendría la florista. Así que Dorotea y Olivia estarían solas hasta que los clientes de la tarde empezasen a desfilar por el interior.

—Dime, Dorotea, ¿tú te has preguntado alguna vez por qué razón volví a por ti? —preguntó al cabo de un rato de silencio, sin abandonar la mirada del exterior.

—¿Se refiere a...?

—Sí, en efecto. Me refiero a la primera vez que llegaste a Fontiña. Hace ahora exactamente medio año.

—Sí, sí que me lo he preguntado —reconoció la muchacha con timidez.

—¿Y has obtenido alguna respuesta?

—Tan solo hipótesis. Tal vez usted sintió compasión, o tal vez tampoco quería seguir estando sola. O quizás...

Olivia sacudió la cabeza y sonrió con amargura. La miró entonces con expresión lejana. A pesar de haber convivido juntas durante los últimos meses, aquella anciana y aquella muchacha, todavía no habían tenido ningún acercamiento cálido. Esa conversación parecía ser la primera vez que la escritora ponía de su parte para dar un paso hacia Dorotea.

—No sentí compasión. No tendría por qué. Frente a mí había una muchacha asustada y cohibida, sí. Lo primero que vi en ti es que habías sufrido mucho, mucho más de lo que alguien de tu edad debería sufrir. Se me rompió algo en mi interior, porque me recordaste a mí. Más gorda y más tímida, pero eras como yo. Y me dio miedo, porque sentí como si vinieras a rescatarme de algún lugar. Cuando llamaste, Dorotea, yo solo me quería morir.

—Sí, lo sé. Me lo ha repetido varias veces.

—No, no lo sabes. Nunca has llegado a creerlo. Creías que mentía o que exageraba. Pero no es verdad. Iba a quedarme ahí sentada hasta que la muerte viniera a rescatarme de mi dolorosa existencia. Pero llamaste a la jodida puerta.

Dorotea no estaba segura de si debía contestar o no. Dudosa, permaneció en silencio.

—Ni tampoco fue por mi soledad. Amo la soledad. Siempre he estado sola... o casi siempre. No le temo a la soledad. Sé estar conmigo misma, me entiendo a la perfección.

de cuidarme, escucharme, hago caso a lo que necesito. No, no te necesitaba de mascota. Aunque sí que es verdad, que la posibilidad de que me ayudases con el Café acudió a mi mente como un rayo. Pero me dije, ¿por qué ella? ¿Quién es ella? Tan solo es una pobre desgraciada... ¿por qué voy a darle mi Café?

Olivia suspiró, afligida. Volvió a apartar la mirada hacia la ventana. Había dejado de llover y unos tímidos rayos del sol empezaban a proyectarse contra el cristal.

— ¿Entonces por qué fue?

— ¿Crees en el destino, Dorotea?

— No estoy segura.

— ¿Y en Dios?

— No tengo motivos para creer en Dios.

— Te diré que yo pensaba como tú. No creía en el destino, ni en Dios. Pero un buen día, cuando yo era aún joven y tenía casi toda la vida por delante, me encontraba escribiendo mis memorias, un puñado de ideas de las que me avergüenzo, cuando alguien llamó a mi puerta también. Ocurrió de manera similar. Y me asusté.

» Vivía en Madrid —aclaró, carraspeando—, en un apartamento en el centro. Estábamos en el franquismo. Había hambre, censura, violencia y traición. Una mujer soltera y que se dedicaba a escribir era un objetivo vulnerable. De todas formas, yo era prudente y simpatizaba con el Régimen si así lo requería. No me importaba ir contra mis valores, porque ni siquiera estaba segura de cuáles eran. Sí, no me mires así. Era una hipócrita, una renegada. No me siento orgullosa, pero gracias a eso sobreviví. Nadie puede reprocharme nada. Tenía una buena causa.

» Mi mayor deseo era el exilio. No tenía familia, ni amigos, ni apego a nadie. Irme era una perspectiva dulce. A Argentina o algún lugar donde escribir y ser libre de alguna forma, aunque nunca se es libre del todo cuando abandonas tu país. Mi vida podría cambiar para siempre, y por fin podría alejarme de esa tensa existencia, que me amenazaba constantemente. Además, ansiaba enamorarme. Sí, Dorotea, enamorarme. Nunca había conocido a ningún hombre todavía, y necesitaba probar lo que era hacer al amor, yo quería escribir sobre eso. ¿No es, acaso, legítimo?

—Sí, supongo que sí. ¿Quién llamó a su puerta?

El dolor traspasó a la anciana como una daga ardiente. Dorotea notó cómo le temblaba el pulso y comenzaba a respirar con dificultad.

—Se llamaba Laura. Y estaba embarazada.

Hogar

Olivia se reunió con Fernando, el camionero, la noche siguiente a su llegada a Fontiña. Resultó ser un hombre delgado, de pocas palabras y semblante serio. Manuel le había dicho que hacía unos años había enviudado y que, desde entonces, solo era una sombra de su ser. Olivia no era ajena a las tragedias ni al dolor de la vida, pero le resultó melancólica la tristeza que Fernando desprendía. Un escudo de frialdad era su mejor método para escapar de los sentimentalismos.

Quedaron en la casa de Manuel, porque el camionero así lo había preferido, y Olivia no puso objeción. Preparó café y sacó unos bollos de crema que el panadero había hecho el día anterior. Mientras estaba ocupada en su dulce labor, escuchaba la conversación de los dos hombres que, a pesar de cuidarse de hablar en voz baja, tenía un tono grave que la mujer podía escuchar perfectamente.

Se referían a ella como una forastera que, tal vez no venía con malas intenciones, pero que no les reportaba confianza. Manuel le aseguraba que desde que había llegado, se había comportado bien, había sido amable aunque un tanto hosca, y había colaborado. Pero Fernando seguía insistiendo en que no se fiase de *los lobos con piel de cordero* citando de las Sagradas Escrituras.

—En Fontiña vivimos en paz y en tranquilidad. Y no necesitamos que nadie venga a arruinar nuestra calma —murmuró el hombre.

—Dudo que Olivia traiga problemas. Dice que quiere abrir un Café. Y es escritora.

Olivia suspiró con cierta exasperación. Lamentó haberle confiado a Manuel tantos detalles de su vida, pues era obvio que aquel hombre no era muy dado a guardar secretos.

—¿Escritora? ¿Quieres saber lo que creo, Manuel? Creo que esta es una de esas revolucionarias rojas, peligrosas. Y si no, dime a cuento de qué, va a venir a parar aquí una mujer sola, sin hijos, sin familia, ¿eh?

—¿Qué te puede importar a ti su ideología?

—Vendrán más —auguró.

—No se preocupen, caballeros. He venido sola. — Olivia interrumpió llevando la bandeja con los tres cafés humeantes y los bollitos. Lucía una amarga sonrisa y caminaba con seguridad. Los dos hombres se revolvieron en su asiento, mudos. Entonces Fernando encendió un cigarro—. No, no vengo a ocasionarle problemas a nadie. Y, por supuesto, espero que nadie me los cause a mí.

Habló con serenidad, pero también con autoridad. Fernando la miraba reacio, escrutándola con curiosidad y recelo.

—Si tanto le interesa cuál es mi ideología, señor Fernando, he de decirle que Franco no simpatiza mucho conmigo. Y espero que usted esté de acuerdo en tal cosa. De lo contrario, tal vez tengamos algunas discrepancias.

—No me gustan los rojos y no le venderé mi casa a una roja.

—Ni yo le compraré una casa a un franquista.

—No soy franquista.

—Ni yo comunista.

Mantuvieron una muda batalla, un tanto tensa, mientras la mujer comenzaba a revolver el café y a abrazar la taza con las manos. Fernando apartó la vista hacia sus ennegrecidas uñas y carraspeó.

—Me ha dicho Manuel que quiere abrir un Café.

—Le ha dicho bien.

—¿Para qué?

—No se preocupe, Fernando. Caso de que yo adquiera su propiedad, se la pagaré al contado. No tendrá que preocuparse de letras e impagos. Si mi negocio fracasa, únicamente será problema mío.

—Me desvinculo de las actividades que ahí se hagan, pues.

—Sí, claro. Aunque si lo desea siempre será invitado a un buen café.

—¿Y de dónde ha sacado usted tanto dinero si puede saberse?

Algo doloroso cruzó el rostro de Olivia.

—No puede saberse. Pero le aseguro que no es ilícito.

—No la creo.

—Por el amor de Dios, ¿qué le pasa a usted? Le doy ahora mismo lo que me pida, pero quiero terminar con esa absurda negociación. Si no me la va a vender, dígamelo y me buscaré otro lugar.

Manuel miraba a ambos interlocutores desde la distancia. Ya se había bebido su café y comido dos bollitos de crema. Restos del alimento dulce se exhibían en sus carnosos labios, a pesar de que no dejaba de relamerse.

Entonces Fernando asintió.

—Déjeme que se lo enseñe.

Laura

Olivia miró a través de la mirilla de la puerta de su apartamento. Al otro lado no había, como ella había esperado con temor, ninguna pareja de guardia civiles. En su lugar, vio a una mujer con el pelo negro y muy largo, tanto que cubría parcialmente su rostro pálido, otorgándole un aspecto casi tétrico. La joven Olivia dudó y se mantuvo quieta, intentando incluso no respirar. No eran tiempos para dar un voto de confianza, no eran tiempos para arriesgar, no eran tiempos seguros. Tenía a una desconocida al otro lado de su puerta y no sabía quién demonios podía ser, ni tampoco conocía a nadie que pudiera acudir a buscarla.

Se separó unos pasos y cruzó los brazos sobre el pecho. Esperó. Tal vez se fuera. Olivia fingiría que no estaba y ese incómodo episodio se terminaría. Aquella persona, fuera quien fuese, se iría y buscaría otro lugar en el que resguardarse. Después de todo, ni su propia casa era un lugar seguro para salvaguardar a nadie. Era una escritora vigilada por las autoridades. Cualquier actividad fuera de lo común podría suponer un peligro inminente para ella, y todavía le quedaba mucho por vivir.

Volvió a acercarse a la puerta.

La mujer seguía ahí, moviéndose inquieta. Le sorprendió que no volviera a llamar, ni que tampoco la increpara. Tal vez no estaba desesperada o, tal vez, era lo suficientemente audaz para no querer llamar la atención de los demás vecinos. No se movería, sabía bien que estaba dentro y que la observaba.

Abriría la puerta y le diría que se fuera. Tenerla vacilando frente a su apartamento era casi tan peligroso como acogerla.

Giró la llave y abrió una rendija por la que entró la luz del pasillo. Consiguió ver que la mujer llevaba puesto un vestido ancho y gris que le quedaba demasiado grande. No llevaba zapatos y sus pies estaban ennegrecidos. En realidad, toda su piel estaba ennegrecida. Miraba a Olivia con unos ojos felinos que lograron intimidarla, a pesar de que estaban anegados por las lágrimas. Algunas heridas marcaban su rostro, unas más recientes, otras se habían convertido en simples marcas en su piel. Temblaba. Su aspecto enfermo le causó repulsión. No dijo nada, guardó silencio como un muerto.

En el suelo había una bolsa de viaje negra.

— ¿Qué quieres? —musitó Olivia, con desconfianza.

—Necesito tu ayuda.

Olivia iba a negarse en rotundo pero, entonces, se fijó en el abdomen obviamente hinchado de la mujer.

—Lo siento, no es un buen lugar para quedarte.

—Solo serán unos días. En mi estado no puedo ir a ninguna parte. Te lo ruego.

Lloraba. En lugar de una mujer parecía una cría pequeña jugando a ser adulta. El cuerpo de Olivia se vio azotado con gravedad por millones de sensaciones dolorosas que, por más que quería escapar de ellas, se sintió incapaz de hacerlo. Olivia se obligó a apartar la vista de una visión tan lamentable.

—Han matado a mi marido. No puedo volver a casa. Por favor, no sobreviviré otra noche ahí fuera.

—¿Por qué yo?

—He leído tus relatos.

Olivia frunció los labios. No podía quedarse más tiempo en su rellano. Los vecinos las verían y podrían delatarlas. Sabía que esa mujer no se iría, no en su estado, no arriesgando la vida de su bebé. Además, estaba enferma y, con toda seguridad, muerta de hambre.

—Entra —la instó—. Rápido.

No tenía ni fuerzas para levantar su equipaje, así que Olivia se inclinó y lo tomó con agilidad antes de cerrar la puerta bruscamente tras de sí y volver a echar la llave.

Esperaba que nadie se hubiera percatado de que una extraña fugitiva estaba resguardada en su casa. Si así fuera, en pocas horas no habría ningún lugar al que escapar.

—Siéntate en la cama.

El apartamento de Olivia era un zulo diminuto con una única ventana, no era el mejor sitio para atender a una embarazada a punto de dar a luz. Su cama estaba en un rincón, y el colchón era viejo y rígido. El escritorio estaba pegado a la cabecera, donde tenía la máquina de escribir y el armario, donde guardaba sus escritos y su ropa, encuadrado en un hueco al lado de la puerta. Una minúscula cocina ocupaba la otra punta del cuarto, pero carecía de nevera o de alacenas para guardar los alimentos. En el cuartucho contiguo, había un barreño de agua donde se lavaba a duras penas, y un orinal.

La desconocida se sentó en la cama, acobardada y sollozando. Se sujetaba la barriga con ternura y miraba a su alrededor con el ánimo apaciguado. Parecía sentirse a salvo, parecía sentirse cómoda en su humilde hogar.

—No hay mucho espacio —se justificó Olivia, con hosquedad—. Voy a prepararte un baño caliente, porque creo que lo necesitas y te sentará bien. Tardaré un poco porque tengo que calentar el agua en la cocina, así que ponte cómoda si quieres. —Mientras hablaba, llenaba un cubo con agua—. ¿Traes ropa limpia? —La mujer negó—. Bien. Mientras te bañas haré algo de cenar. Solo tengo pan y arroz, pero aún me queda alguna verdura para darle sabor. Y agua fresca. Te sentará bien. Imagino que debes de estar muerta de hambre y...

Se calló. Era la primera vez en su vida que hablaba con semejante fluidez y tacto a una persona, la primera vez en su vida que en sus manos reposaba el cuidado de alguien, la primera vez que sentía la calidez del cariño humano brotar de ella. Se sintió extraña y, en cierto modo, asustada. Carraspeó, apartando la mirada de su invitada forzada. El primer cubo ya estaba lleno. Lo puso en el fuego.

—Gracias —murmuró.

Olivia sacudió la cabeza.

—Me llamo Laura. Si no fuera por ti, esta noche me habrían matado.

—Cualquiera te hubiera ayudado. Aún queda algo de humanidad en algunas personas. Y yo, aunque quisiera, no podría dejarte en la calle. Y menos embarazada —gruñó—. Te han herido. Han sido ellos, ¿verdad?

—Sí.

—Hijos de la gran puta, ¿cómo se les ocurre hacerle eso a una mujer embarazada?

El primer cubo de agua se calentó. Olivia lo retiró del fuego y depositó el agua humeante en el barreño del cuarto de baño. Volvió a llenarlo con agua fría y lo colocó al fuego.

—Si quieres puedes quitarte la ropa y meterte en el baño. En seguida te doy más agua.

Laura se levantó pesadamente, como si todo su cuerpo le doliese horrores. Caminó hacia el lavabo y entrecerró la puerta tras de sí, con cierto pudor. Olivia la escuchó desvestirse, emitiendo gemidos agudos mientras se despojaba de la ropa que debía de estar adherida a sus heridas. Esperó impaciente a que el segundo cubo de agua estuviese lo suficientemente caliente, mientras la mujer se metía en el agua y se abrazaba a sí misma.

La encontró acurrucada en el centro del barreño, titiritando de frío. El cabello negro volvía a ocultar su rostro y sus pechos, pero dejaba al descubierto su espalda brutalmente golpeada, plagada de moratones y restos de lo que parecían latigazos con cadenas. Olivia no dijo nada, pero apretó los dientes, sintiendo cómo la ira envenenaba sus sentidos. Bordeó la bañera y dejó caer muy despacio el agua sobre el cuerpo de Laura que, a pesar de retorcerse, soltó un suspiro de alivio y de placer. La escritora se inclinó y le tendió un jabón y una esponja.

—¿Puedes hacerlo tú o te ayudo? —preguntó.

—No quiero molestarte más.

—Déjame, traeré más agua.

Ayudó a Laura a lavarse, mientras la desconocida no dejaba de llorar, y esas lágrimas se mezclaban con el agua cálida. Su cuerpo, cada uno de sus rincones, presentaba hematomas, quemaduras o cortes, pero no tenía ninguna herida profunda. No pretendían matarla, únicamente causarle dolor y dejarla ir para que fuera testigo de lo que podrían hacerle. No quiso preguntar pero, por su estado de ánimo, imaginaba que habrían asesinado a su marido muy recientemente. Y, con total seguridad, ella lo habría presenciado todo.

Frotó con delicadeza, con afán de quitarle toda la suciedad y le lavó el pelo.

—¿Estás bien?

—Sí.

—Voy a buscarte algo de ropa, ¿de acuerdo?

Le dio una toalla para que se cubriera. Abrió el armario y sacó un jersey de lana grueso y unos pantalones de algodón. No tenía ropa para un embarazo tan avanzado, pero Laura era mucho más delgada que Olivia, por lo que sus prendas le quedarían anchas. Regresó al baño y se la encontró en un rincón con expresión sombría, aunque mucho mejor aspecto.

La dio intimidad para que se vistiera y se dirigió a la cocina. Cuando cogió una de las ollas para echar el arroz a cocer, se dio cuenta de que ella misma tampoco era capaz de dejar de temblar. No sabía si de ira. No sabía si de miedo.

Frágil

—¡Dónde está! ¡Dónde está!

Olivia había entrado en la casa de Manuel, el panadero, ataviada con su gruesa bata y sus zapatillas. El hombre, que se encontraba cenando un potaje que no desprendía muy buen olor, se levantó de inmediato, derramando parte del líquido sobre el mantel. En los segundos posteriores, solo el crepitar del fuego y la respiración entrecortada de la anciana osaron desafiar al silencio de la noche en Fontiña.

—Buenas noches, Olivia.

Él también estaba viejo, pensó con amargura la mujer. Se encerró, se torturó a sí misma pensando en su piel arrugada y en sus achaques, sin darse cuenta de que todo a su alrededor también daba pasos hacia su finitud. Pero Manuel seguía teniendo esa mirada de hombre joven, esa picardía que asomaba en sus labios curvados desde que lo había conocido. Tosía con demasiada frecuencia y, el mes anterior, había tenido que ser hospitalizado por una neumonía aguda. Miró a ese hombre de una manera diferente a como lo había mirado antes. Ella ya se había rendido, pero él seguía trabajando en su panadería, y seguiría haciéndolo hasta que sus fuerzas no le respondiesen.

Quiso contagiarse del coraje y de la serenidad de ese hombre viejo al que había considerado inferior a ella la primera vez que se vieron. Qué ingenua y soberbia había sido. Al final, era Olivia, la frágil, patética y vieja Olivia, la que sucumbía a los hilos del tiempo y se sentaba a esperar a la parca como si no hubiera otra forma de vivir. Sintió una punzada de vergüenza y de bochorno.

—Buenas noches, Manuel —dijo, fingiendo calma.

—Creí que estabas indispuesta. ¿Te encuentras mejor?

—Solo necesitaba descansar.

—No pasa nada por ponernos enfermos. Somos viejos.

Olivia lo miró con cierto rencor por pronunciar aquella verdad irrebatible en voz alta.

—¿Dónde está la muchacha que llegó esta tarde?

—Dorotea. Debe de estar con Tomás. Creo que va a cenar en casa con su esposa... ¿Por qué quieres saberlo? ¿Acaso...?

—No es asunto tuyo.

—Por supuesto que no, Olivia. Pero prométeme una cosa. Son muchos años, así que, haz el favor. Cuídate. La vejez es dura, pero también es hermosa.

—Nos vemos mañana, Manuel —gruñó ella, como toda respuesta.

La noche engulló su escuálida figura y el frío penetró hasta en sus huesos. Atravesó la plazoleta central de aquel lugar, iluminada por un par de farolas que emitían una luz anaranjada, y se dirigió hasta la casa de Tomás. Tenía la luz del taller encendida y se escuchaban voces en el interior. Aprisionada por sí misma, todavía planteándose qué demonios estaba haciendo, se acercó al portalón con dos grandes zancadas y pegó dos firmes golpes con los nudillos.

Las voces del interior cesaron.

—¿Ya está la cena, cielo? —escuchó preguntar a Tomás —. Ahora mismo vamos.

—Soy Olivia. Ábreme.

—¿Olivia?

—Apresúrate, me estoy helando.

—Es la vieja del Café —escuchó aclarar al hombre en un susurro—. Pasa, mujer. Está abierto.

En el interior, el frío era casi tan intenso como en el exterior. Cerró tras de sí y refugió las manos en los profundos bolsillos de la bata. Intentando mantener una expresión digna y seria, examinó su alrededor con desdén. El garaje estaba hecho un desastre. El suelo lleno de aceite y de piezas rotas. Olía fuerte a combustible. La luz, además, parecía insuficiente para trabajar. En el centro, el viejo y destartalado vehículo de la muchacha estaba destripado y no tenía buen aspecto.

Tomás llevaba puesto su mono de trabajo y sujetaba una llave inglesa. Sonreía con esa condescendencia típica en él. Su barba empeoraba su aspecto, y su cabello rojizo le daba un toque casi cómico. Aquel hombre, con su esposa, había llegado a Fontiña en busca de un lugar tranquilo donde su mujer, Clarisa, pudiera recuperarse de una dura depresión.

—Un honor recibirte en mi morada, ¿en qué puedo servirte?

Dorotea, luciendo un aspecto mucho peor que antes, se balanceaba retorciéndose los dedos en el regazo. Miraba al suelo, como si no se atreviera a clavar los ojos en la anciana, que había mostrado una actitud muy poco adecuada y servicial para con ella.

—La niña, ¿vas a quedarte tú con ella?

Tomás se echó a reír.

—No es un perro, Olivia. Actúa con naturalidad. Somos personas y esas cosas. —El hombre le dio la espalda y volvió a inclinarse sobre el motor—. Y sí, no voy a dejar que duerma en la calle. Este viejo trasto da asco.

—¿Tiene dinero para pagarte?

—No se lo he preguntado —contestó el hombre, con burla—. Pero pregúntale a ella directamente. No muerde.

Olivia enrojeció ligeramente, e incluso notó cómo los labios de esa muchacha se curvaban.

—Yo te pagaré. Mañana a las siete en el Café. Ven duchada y con ropa presentable —gruñó, mirándola de manera agresiva—. Sé puntual.

Dorotea no se movió.

—¿No vas a contestarme?

—Eres peor que un militar, Olivia.

—Cállate, Tomás. Estamos hablando de negocios —protestó la anciana.

—No se puede hablar de negocios con el estómago vacío —recriminó el hombre. Se levantó, tiró la herramienta sobre una improvisada mesa llena de tuercas y se limpió las manos en la ropa de trabajo—. Vamos a cenar algo. Clarisa está preparando un caldo calentito. No me rechazarás la invitación, ¿verdad, Olivia?

La anciana frunció el ceño, sintiéndose ofendida.

—Me voy a mi casa —sentenció—. Nos vemos mañana, Dorotea.

CAPÍTULO DOS

Felicidad

El mundo era un escenario cambiante, lo que hacía especialmente difícil la vida y la existencia en él. Pero, sin lugar a dudas, lo más complicado era definir la felicidad y la forma de obtenerla. En la búsqueda y afianzamiento de ese estado anímico, habían perecido muchas personas que habían dedicado su existencia solo a ese fin. Era irónico fundir los años en algo que nunca se llegaría a alcanzar, no al menos en su plenitud. Olivia se planteó en varias ocasiones si la felicidad también pertenecía al saco de las horas que mueren, o era infinita, o no existía.

Ella, como otros muchos escritores antes, también había intentado definir la felicidad, en un alarde de la prepotencia que la caracterizaba. Había escrito el siguiente prólogo en una de sus primeras novelas:

Encontrar lo que llamamos felicidad es el reto máximo que mueve nuestra existencia como simples seres humanos. Por desgracia, todo se aliará en nuestra contra para dificultarnos siquiera el roce de ese sentimiento ansiado, más ansiado incluso que la propia inmortalidad.

Los familiares y sus desgracias; las enfermedades, tanto propias como ajenas; el mal tiempo o el buen tiempo; los desastres naturales; la situación de la sociedad putrefacta; la política; las horas; los días; los libros que nunca llegaremos a escribir; las limitaciones intrínsecas de nuestro cuerpo imperfecto; la religión.

Alejarnos del mundo, abandonarlo, puede servirnos por un breve espacio de tiempo para lograr cierta calma, que no felicidad. Pero en la soledad tampoco se alcanza la felicidad, al menos no de manera real. Porque necesitamos del cariño, del calor, de otros para que esta tenga sentido. Lo que no podemos compartir, lo que no podemos disfrutar con otros, es incluso peor que la tristeza. Y una persona solitaria, una persona que vive (y muere) en soledad, es más desgarrador Incluso que aquella a la que llamamos muerte.

¿Que qué es para mí la felicidad? Creo que carezco de conocimiento, sentimientos y argumentos para dar una respuesta a tal pregunta. Pero diría, con cierta valentía, que la felicidad es el imposible más posible que existe para el ser humano.

Incluso muchos años después, le seguiría pareciendo un fragmento demasiado optimista. Olivia dudaba haber alcanzado tal felicidad en algún momento de todos esos largos años que arrastraba en su arrugada espalda, y tampoco lograba recordar, a ciencia cierta, si había conocido a alguien en su vida que se sintiera feliz por un período prologando de tiempo. Una predicadora del más absoluto pesimismo como ella, no alcanzaba a reunir las palabras suficientes para endulzar unos años plagados de grises recuerdos y de aterrador temor permanente.

Pero, tal vez, lo que el Café le había hecho sentir se acercaba algo a la felicidad. Y Laura, durante el breve tiempo que compartió con ella, también la hizo sentirse feliz por momentos.

Pensaba en Laura como rutina diaria, porque no quería que se olvidara en las oxidadas neuronas de su vejez. El olor a café estaba lleno de su presencia (ausencia). Pasase lo que pasase, viviese donde viviese, estuviese con quien estuviese, ella la acompañó siempre, durante el resto de su vida. Y aún ahora, que sentía irremediablemente cerca la culminación de sus propios años, seguía teniéndola tan presente como antaño.

A Laura le gustaban sus novelas y sus relatos. A Olivia eso le halagaba, la colmaba de dicha, más de lo que nunca llegaría a admitir. A pesar de que su carrera literaria estaba plagada de buenas críticas, y había estado considerada durante sus años dorados, como una de las escritoras más trascendentales de la literatura española, las palabras tibias de Laura eran la razón primordial que la incitaron a no abandonar nunca las letras. Y, tontamente, guardaba la esperanza de que, estuviera donde estuviera, pudiera leerlas, pudiera sentirlas. Porque Olivia escribía por su recuerdo. Olivia escribía a la vida, que le había otorgado el cariño sincero por alguien, para arrebatárselo de manera brutal. Antes de conocer a Laura había estado siempre sola. Después de que Laura muriese, Olivia siempre había estado sola.

Sola con su máquina de escribir.

Durante el tiempo que el dolor de su muerte fue demasiado intenso como para poder realizar el ejercicio de empuñar la pluma, se dedicó a buscar, afanosa, consuelo en otras novelas. No hacía otra cosa que no fuera acudir a la biblioteca por la mañana y regresar a casa por la noche. Leía, leía hasta caer de puro agotamiento, leía para llenar el vacío de su corazón, leía para buscar la catarsis en su interior, para no seguir llorando, para encontrar un pedacito de consuelo en lo que había destruido a otros grandes escritores antes que a ella.

Después, mucho tiempo después, cuando se serenó y logró sobreponerse, volvió a escribir. Y escribió la novela más hermosa y real de toda su vida.

Una novela que nunca llegó a leer nadie, excepto ella misma. Guardada primorosamente bajo llave.

El manuscrito llevaba por título su nombre.

Heridas

Dorotea odiaba la oscuridad, por ese motivo dormía con una tímida luz encendida en su mesita.

Le dolían las quemaduras de las manos, pero sentía un dolor todavía más intenso, más real, en su orgullo herido debido a la humillación que la torturaba. Lejos de todo tipo de consuelo real, yacía sobre la revuelta cama con los ojos lacrimosos e intentando enmudecer los sollozos que ascendían de manera irremediable hacia su garganta.

Odiaba la oscuridad, pero odiaba con mayor intensidad a sus padres.

Su padre siempre se le había antojado un monstruo. Un ser podrido, la maldad encarnada. Violento, bebedor, *descariñado*, prepotente, terrible. Su simple sombra proyectada en la pared lograba hacerla temblar de miedo y sentirse paralizada de impotencia. Nunca, nunca en todos los años de su vida, había recibido alguna muestra de cariño o, tan siquiera, cordialidad por parte de su progenitor. Dorotea había sido sometida a todo tipo de desprecios, humillaciones y maltratos que habían hecho de ella una muchacha mustia, incapaz y enferma. Tampoco, jamás, había tenido oportunidad alguna de huir de esa constante pesadilla. Sentía, trágicamente, que su existencia era una irónica trampa del destino para hacerla sufrir, para que conociera el dolor.

Y ella, su madre, siempre había sido como un mueble mudo, una espectadora débil y llorosa que nunca había podido enfrentarse a la dictadura que su marido había implantado en lo que no podía llamarse hogar. Enferma y postrada en una silla de ruedas, había sido víctima de la peor de las suertes al contraer matrimonio con alguien como él. Pero Dorotea no sentía la más mínima pena por ella. Dorotea la detestaba por haberle dado la vida, por haberla hecho nacer en tales circunstancias.

Nunca había hecho amigos en la escuela y abandonó el instituto cuando la edad legal se lo permitió. Trabajaba limpiando escaleras desde la mañana hasta bien entrada la noche y el poco dinero que conseguía ganar debía dárselo a sus padres, pues era el único sueldo que entraba en esa casa. A duras penas podían comer, pagar la luz o tener agua caliente. Y, mucho menos, tener las medidas adecuadas para tratar y convivir con la enfermedad de su madre que se consumía poco a poco, camino de la nada.

Dorotea no sabía lo que era la locura. Pero ella creía estar loca de angustia y de pena.

Dorotea no tenía nada. No sabía nada. Era una ignorante. Un despojo. Un parásito. Una basura. No despertaba el interés de nadie. Solo repugnancia. Solo asco.

Le dolían las quemaduras de sus manos, pero no tanto como se dolía a sí misma.

Les había dicho a sus padres que se iba a ir. Y así lo haría. Se iría esa misma noche. Metería en su mochila sus cuatro trapos de ropa, cogería las llaves y robaría el coche. Conduciría, conduciría hacia adelante sin saber a dónde, pero alejándose del infierno, lo único que conocía. Conduciría hacia posibilidades, oportunidades. Conduciría hasta encontrar un lugar donde poder detenerse, recuperarse, renacer y aprender a ser una persona más feliz. Un lugar donde lamerse las heridas.

Familia

La mujer de Tomás, Clarisa, resultó ser extraordinariamente amable y hospitalaria. Aunque era de pocas palabras, sonreía con afecto y la trataba con carácter maternal y muy atento. Dorotea se sintió tan bien junto a ella que deseó no tener que abandonar nunca aquel nuevo hogar en el que había tenido la fortuna de encontrarse. Cenó a la mesa con el matrimonio y Tomás dirigió una conversación fluida y cómoda acerca de su trabajo, la ciudad y la empresa, y le contó a Dorotea cosas sobre Fontiña. Lo cierto es que el contenido de la charla no fue más allá de ciertas trivialidades, pero ella nunca había disfrutado tanto de una tertulia.

Tenían una habitación supletoria que utilizaban como almacén. Clarisa, con la ayuda de la muchacha, preparó el cuarto y la cama para que ella pudiera dormir ahí y descansar. Se preocupó de darle un repertorio de gruesas mantas para evitar que tuviera frío y le indicó que la avisase, sin temor, de cualquier cosa que pudiera necesitar. Dorotea no tuvo la valentía suficiente para decirle que dejase la luz encendida, así que se mantuvo expectante en la oscuridad, anhelando que amaneciese.

Por la mañana, muy temprano, empezó a escuchar movimiento en el hogar. Sintiéndose cansada, pero, al mismo tiempo, cargada de energías, se levantó con cierta timidez. Estaba famélica. Mientras avanzaba por el pasillo, sentía que aquello era irreal y que pronto despertaría y volvería la realidad que le pertenecía. Pero Tomás y Clarisa, desayunando en silencio, parecían no tener intención de disolverse en la fantasía de los sueños. La saludaron efusivamente y la invitaron a sentarse.

—Buenos días, Dorotea, ¿cómo has dormido?

Clarisa era dulce y olía a flores. Pero la tristeza que machacaba su rostro afligió a Dorotea desde el principio.

Sintió una conexión tan fuerte con esa mujer que anheló, con ganas, conocer más sobre su vida, su pasado, sus motivos. De repente, sentía mucha curiosidad acerca de todo lo que la rodeaba, como si hasta entonces hubiera sido una ciega que no podía ver. Esas sensaciones la dejaban aturdida.

—Bien.

—Tienes aspecto cansado. ¿Ganas de enfrentarte a la vieja bruja? —preguntó Tomás, antes de echarse a reír.

—¡No hables así de Olivia! Vas a asustar a la muchacha —le reprendió su mujer. Clarisa le sirvió un poco de café mientras el mecánico le calentaba unas tostadas de pan de cereales —No le hagas caso. Bajo esa coraza de acidez, se esconde una mujer maravillosa. Gracias a su café y a sus libros, he encontrado muchos motivos por los que sobreponerme y volver a empezar. Tuvimos suerte, Fontiña y sus gentes nos acogieron. Y aquí somos felices. A ti te ocurrirá lo mismo.

—¿Has dicho sus libros?

—¡Oh, sí! Olivia fue una escritora de renombre en otros años, aunque ahora pretende ser invisible. El dolor de la gloria perdida, supongo. No lo sé. Tal vez, con el tiempo, te deje leer sus obras. No es una mujer que se deje hablar a menudo, pero seguro que consigues ganarte su confianza.

Le sonrió con ternura, pero con dolorosa hipocresía. La hipocresía de quien se esfuerza en mostrar alegría cuando no encuentra motivos para ello. Entonces, Dorotea se sintió cansada, tan cansada que creyó que carecía de fuerzas mínimas, tan siquiera para acercar el café a sus labios, tan siquiera para contestar a la amabilidad y al amor que esa familia le estaba otorgando. Ese cansancio se convirtió en un mareo y el estómago comenzó a dolerle, pero no sabría determinar si se trataba de un dolor físico o un dolor emocional. No sabía distinguir entre ambos.

Un pensamiento fugaz pasó por su mente vacía: se sentía vieja, tan vieja como lo era la vieja del café. Tan vieja como si ella estuviera también a punto de morir.

Tomás y Clarisa conversaban y, por unos instantes gloriosos Dorotea, fue ignorada. Aprovechó ese descanso para encontrar paz y calma, pero no le resultó sencillo. Sentía que acababa de nacer esa mañana y no sabía qué le depararían las horas siguientes, no sabía cuál era el camino a seguir. Era un bebé y una vieja al mismo tiempo, tenía las limitaciones de ambos y sus pocas oportunidades de sobrevivir. Mientras estaba absorta, absorta en nada, no se percató de que el matrimonio observaba las marcas que plagaban su rosada piel con cierto recelo. Aturdida y herida por su indiscreción, escondió las manos en las anchas mangas del jersey y las escondió bajo el mantel.

Sus mejillas tornaron a un color rojo, cargadas de la sangre de la vergüenza. A sus ojos acudió la frialdad de las lágrimas.

El mecánico carraspeó, sonrió frágilmente y se terminó el café de un trago.

—Vamos, Dorotea. Te acompaño a casa de Olivia antes de irme al trabajo.

La muchacha asintió muy despacio. Levantó su pesado cuerpo con torpeza, ante la mirada acuosa de Clarisa y se despidió con un titubeo ridículo. Retorciendo sus gruesos dedos, siguió a Tomás hacia el exterior. El hombre hablaba, en tono vivaz y despreocupado, se reía de sus propias observaciones, como si se hubiera inyectado un antídoto para la preocupación de la vida. Incluso caminaba con decisión, la alegría en los ojos y la esperanza en su esencia. Dorotea se preguntó por qué él parecía gozar de la felicidad y, en cambio, Clarisa estaba sumida en una sombra negruzca.

El sol de aquella temprana mañana era débil y frágil. Apenas reportaba calor o consuelo en la fría Dorotea.

"Amamos"

Olivia parecía ser una mujer diferente aquella mañana. Su aspecto demacrado, envejecido y enfermo se había esfumado, y en su lugar, frente a ella, se presentaba una persona con las facciones duras y frías que exhibía una fortaleza gélida que Dorotea pocas veces había presenciado. Lucía una falda recta de color marrón y una ceñida blusa blanca con motivos florales. Olía fuerte a perfume y tenía el cuello decorado con un pretencioso collar de perlas. Su cabello, hermosamente blanco, estaba peinado con cuidado hacia atrás, dejando despejados los afilados rasgos de su agresivo rostro.

Estaba sentada en la barra, leyendo un grueso libro y bebiendo un café humeante, cuando Dorotea llegó al Café minutos antes de la hora que aquella mujer había estipulado. El interior estaba vacío. El fuego chispeaba en la chimenea, imponiendo su calor, en su lucha eterna por alejar el frío. La iluminación era leve; el silencio, sepulcral. El olor del café se entremezclaba con el de las flores frescas y con el de la propia Olivia. Sin saber determinar por qué, parecía que todo el miedo y el pavor se habían quedado fuera de ese local.

Titubeó en el umbral hasta decidirse a cerrar. La campanilla tintineó dos veces en ese acto, pero el ruido no pareció interrumpir la lectura afanosa de Olivia. Dorotea se aclaró la garganta para volver a destacar su presencia y nuevamente fue ignorada. Tal vez Olivia pretendía ponerla a prueba, tal vez Olivia se había arrepentido de su determinación de ayudarla. O, tal vez, en cierto modo, estaba tan absorta en la irrealidad de las letras que no quería desarraigarse de esa historia.

La muchacha avanzó hasta la barra sintiéndose ajena a ese lugar, como si no se sintiera merecedora de su tranquilidad, paz y sosiego. Se detuvo a escasos centímetros del lugar donde se encontraba Olivia y permaneció quieta, casi sin atreverse a respirar.

—Buenos días, Dorotea. Todavía es temprano, ¿por qué no te sientas? Voy a servirte un café.

De todas las posibles palabras de Olivia, jamás habría esperado algo tan amable y cálido como aquello. Intentó sonreír y responder con el mismo tono, pero su torpeza se impuso, una vez más, a su voluntad. Se sentó en una de las sillas de madera, que crujió sonoramente y desvió la mirada hacia el fuego.

—¿Qué tal has dormido, Dorotea?

Decía su nombre con énfasis, como si lo memorizase al mismo tiempo que lo pronunciaba. Sonaba extraño en sus labios.

—Bien.

—Imagino que habrá sido una noche larga para ti. Vengas de donde vengas, y vayas a donde vayas, la primera noche que pasamos en un lugar nuevo siempre es eterna. — Mientras hablaba, había puesto una cafetera de hierro en el hornillo de fuego y calentaba la leche—. No te preocupes, ni tengas miedo por tener miedo. Las personas huyen del miedo, también huyen de la tristeza y del dolor. Pero eso es porque no quieren darse cuenta de que es imposible desprenderse de tales sentimientos. ¿Hay algo más humano que el miedo, la angustia y el dolor? El único sentir que no es humano es la felicidad, pero es el único al que queremos arraigarnos.

—Yo no...

—No entiendes nada de lo que te estoy diciendo, ¿verdad? Crees que soy una vieja loca, una mujer que se ha vuelto loca de tanto escribir libros. Si, supongo que Tomás y Clarisa ya te habrán contado mi pasado como escritora. Pero que sepas una cosa, es un secreto, y agradecería que te cuidases de no pregonarlo a los cuatro vientos.

—No te preocupes.

—¿Tienes hambre?

—No.

Ya había desayunado, y sentía molesto en su estómago el café que se había tomado en casa de Tomás y Clarisa.

—Como te iba diciendo. —La anciana tomó un cremoso bollo de crema y se lo acercó a los labios—. No huyas de lo que sientes. Deja que explote en tu interior, es la única forma de liberarte.

Dorotea reflexionó.

—Si la felicidad no es humana, entonces ¿qué es?

Olivia sonrió con tristeza. Se llevó el pastel a la boca y le dio un discreto mordisco. Cerró los ojos como para saborear más su dulzura. La cafetera empezó a emitir un sonido burbujeante.

—¿Leche?

—Por favor.

La anciana se movió con una agilidad insólita mientras preparaba las bebidas humeantes. Habría jurado que tarareaba una canción entre dientes. ¿Dónde había quedado el aspecto casi mortífero y enfermo de esa mujer que parecía acariciar la muerte el día anterior?

Olivia volvió a sentarse, dejando delante de la muchacha una taza de porcelana de color blanco impoluto y una línea dorada en el borde. La leche estaba espumosa. El aroma de la bebida parecía terapéutico. Dorotea abrazó la taza y se la acercó a los labios.

—La felicidad pertenece solo a ciertos aspectos, aspectos más eternos, aspectos que, si bien pueden relacionarse con el individuo, no son él en su esencia. El simple y mero hecho de que la vida vaya a terminar impide a las personas ser felices. ¿Cómo podemos ser realmente felices si, tarde o temprano, moriremos?

Las palabras de la anciana eran muy amargas, tanto que parecían contagiar aquel ambiente cálido de envenenada tristeza. Dorotea, a duras penas, pudo sobreponerse a tal negrura.

—¿No vas a preguntarme nada?

—¿Dónde se encuentra realmente la felicidad?

Dorotea saboreó el delicioso café. Estaba tibio.

—En lo que *hacemos*. En lo que *hicimos*. En lo que *haremos*. O, mejor dicho, en lo que *amamos* o *amaremos*.

La joven reflexionó sobre el significado de tal afirmación, pero no se le ocurrió lo que aquello significaba realmente.

Niña

Dorotea tenía solo cuatro años la primera vez que conoció la violencia, la maldad y el dolor en sus propias carnes. Fue un suceso tan traumático para su mente aún sin madurar que plagó sus noches de pesadillas durante sus años de turbia infancia, hasta bien culminada la adolescencia.

Vagabundeaba por el patio del recreo, recogía margaritas. La primavera comenzaba a florecer y su mente de niña se deleitaba en los colores, la viveza de la naturaleza y los cambios que el mundo, inmenso mundo, experimentaba con el paso del tiempo. No entendía esa mutabilidad, a los niños les desconcierta el cambio de su presente. A Dorotea, además, le producía un desasosiego poco común para su corta edad. Y, sin embargo, cuán hermosas se le antojaban esas margaritas que pocas semanas atrás no estaban allí, y que ahora eran como una alfombra mágica a sus pies.

Iba sola. Los demás niños no parecían querer estar con ella. Desconocía si era por sus ropas más viejas, porque llevaba el pelo sucio o porque lloraba con facilidad. No sabía si era por su ligero sobrepeso infantil o porque era incapaz de mediar palabra sin tartamudear. A veces se lo planteaba, pero era demasiado pronto para empezar a sentir el abrasamiento de la soledad, era demasiado pronto para sentirse desplazada. La Dorotea de cuatro años se sentía feliz correteando entre sus margaritas, perdida en sus difuminadas fantasías, sin ser consciente de su propia situación.

La mano derecha estaba llena de margaritas, ya no podía sujetar más. Se las guardó cuidadosamente en el bolsillo del mandil escolar y aplaudió al aire. Dio una vuelta sobre sí misma y buscó a la profesora. La Señorita no estaba en el campo de visión de la pequeña Dorotea y eso la perturbó. Inquieta, empezó a dar vueltas sobre sí misma en su búsqueda. Pero a su alrededor solo había más niños, muchos que conocía de su misma clase, pero otros más mayores que la aterrorizaban. Empezó a corretear notando cómo los ojos se le anegaban de lágrimas espontáneas, mientras lloriqueaba en voz baja.

—¡Señorita, Señorita, Señorita! —balbuceaba.

Tropezó y cayó sobre sus margaritas. Al sentir un dolor agudo en una rodilla, sus sollozos se convirtieron en un llanto explosivo e irritante que la dejó completamente inmovilizada. Toda la fuerza de sus pulmones se perdió por su garganta. Pero la Señorita no venía. No sabía qué hacer. Las margaritas que con tanto cariño había recogido se habían esparcido por el suelo, lo que se le antojó mucho más desolador que encontrarse tirada en medio del patio con una herida en la rodilla.

Entonces, una sombra alta y fuerte la asoló. Temblorosa y mareada, levantó su lacrimógena mirada y vio la cara ruda de uno de los niños mayores que, aunque solo tenía tres años más, a la pequeña niña Dorotea se le antojó un gigante mortal y aterrador. Empezó a llorar con más ansias.

—Niña tonta. Niña fea. Niña gorda —canturreó el gigante.

Tenía una piedra muy grande en una mano.

—¡Señorita, Señorita, Señorita, Señorita!

Empezaron a llegar más gigantes. Dorotea tenía los ojos tan llenos de lágrimas que no podía ver nítidamente, y todo a su alrededor se volvió una masa brumosa, entremezclada de colores. Le dolía la garganta de gritar y de llorar, y el corazón le bombeaba con una fuerza molesta. Aquellos gigantes estaban pisoteando sus margaritas sin piedad, Dorotea podía ver cómo las hacían añicos bajo esos grandes zapatos manchados de tierra.

—Niña tonta. Niña fea. Niña gorda.

El primer gigante, el más aterrador, ese que sonreía de esa forma tan terrorífica, dejó caer la enorme piedra sobre la mejilla sonrosada de Dorotea.

Hambre

A pesar de haberse lavado y cambiado de ropa, Laura no había mejorado mucho su aspecto. Cuando salió del baño Olivia levantó la mirada y se encontró con la sombra de lo que en otro tiempo había sido una mujer hermosa. Su piel era pálida, frágil y quebradiza. Las ojeras bajo sus ojos hundidos eran más negras que una noche sin luna. Su sonrisa era inexistente, igual que su alegría. La tristeza, el sufrimiento y el dolor parecían haber succionado de ella cualquier atisbo de esperanza o de fuerzas. Una vez más, Olivia se obligó a dejar de observarla, arrollada por un sentimiento de desolación.

—Ahora cenaremos —comentó.

Se había quedado plantada frente a la puerta, abrazándose el inflado vientre. Olisqueaba, con instinto animal, el olor de la comida, pues con total seguridad el hambre que sentía era atroz y le impedía tener pensamientos para otra cosa que no fuese satisfacer su necesidad básica de alimentación. Con un ademán la anfitriona la invitó a sentarse a la mesa, sobre una maltrecha silla y le sirvió un poco de agua.

Se dio cuenta de lo raro que le resultaba gozar de compañía a pesar de que las circunstancias no eran demasiado predilectas para la celebración. Sentía unas ansias de entablar conversación con ella, saber más sobre ella, sobre su pasado, sobre quién era realmente. La curiosidad era un aguijón poderoso. La curiosidad, más que la compasión, había sido el detonante que la había impulsado a abrir su puerta y dejar entrar al destino.

Pero no, en ese preciso momento, Olivia ignoraba que Laura iba a formar parte de su destino.

Llenó dos platos de una ración, no demasiado abundante, de arroz con cebolla y una hogaza de pan reseco.

Los ojos de la desgraciada mujer brillaron ante los alimentos, como si se tratasen de un manjar. Si algo le impidió devorarlo con avidez fue su deseo de no resultar grosera o maleducada. Olivia, también se sentó a la mesa, frente a su huésped y vaciló.

—Que aproveche —dijo simplemente.

—¿Te importa que bendiga los alimentos?

—No.

Lo hizo en respetuoso silencio, mientras Olivia permanecía quieta, esperando a que terminase para empezar a cenar. Carecía de apetito real, aquella nueva situación le resultaba, cuanto menos, estresante.

—Gracias por todo.

—No me des las gracias. Ya te he dicho que no es necesario.

Laura asintió. Llenó su boca de arroz y masticó con impaciencia, emitiendo, sin poder reprimirlo, un gemido de alivio ahogado.

—Siempre te he admirado mucho —dijo al cabo de un rato de silencio, cuando ya parecía haber recuperado algo de energías—. Tus letras, tus relatos, me reportaron una paz inexplicable, me ayudaron a tener otra visión de la vida. Había tanto dolor en ellos que me hacían sentirme fuerte. Fuerte porque tú, a pesar de todo ese daño sufrido, seguías viva, seguías luchando. Mi marido solía decirme que me había vuelto loca, pero era verdad. De tanto leerte creía ya conocerte. Y, por qué no decírtelo, empecé a quererte de manera muy real y muy intensa.

Olivia frunció el ceño y los labios. Se atrevió a sujetar la mirada agónica de Laura, pero se encontró molesta por el tono y la imperiosidad de sus palabras. No estaba acostumbrada a recibir ese tipo de halagos, no escribía para ser admirada de esa forma tan personal, no escribía para que otras personas ajenas intentasen desnudarla mientras ella desconocía hasta sus nombres. Si algo le impidió levantarse y echarla de su casa por tal insolencia, fue el estado avanzado de su embarazo y su peligroso estado de salud.

Permaneció en silencio.

—Lo siento, no quería hacerte sentir incómoda — rectificó Laura, con la voz tomada—. No he podido reprimirme en cuanto te he tenido delante y me has mostrado tal hospitalidad.

—No me conoces. Ni tampoco sabes nada de mí. Solo son relatos —dijo Olivia, cortantemente—. Es imposible que me...

No fue capaz de pronunciar "querer". Era un sonido extraño, desconocido, ajeno a sus labios fruncidos y mudos. Miró con gravedad a Laura y volvió a bajar las pupilas hacia su plato, casi intacto.

—Lo siento —repitió Laura—. No quería ofenderte.

—Está bien. No te preocupes.

Pero Olivia no estaba bien, o no exactamente bien. La idea de que aquella mujer le hubiera dicho que *había llegado a quererla* a través de sus relatos la hizo sentirse fulminada por un sentimiento muy fuerte que ignoraba, que no sabía determinar, que nunca antes había experimentado. Era la primera vez en su vida que alguien se dirigía a ella en ese tono delicado, cariñoso, cercano. Laura había detectado alguna fragilidad en Olivia que le había permitido dar el paso de hablar de esa forma.

Fragilidad. ¿O bondad?

Olivia no era bondadosa. Solo había abierto la puerta por puro impulso, por curiosidad, por miedo, por humanidad. Pero no por bondad. Nadie había sido bondadoso con ella, ella nunca había aprendido, por tanto, ese comportamiento. Ni nunca nadie la había querido nunca. Por lo tanto, ella tampoco había querido, ella no había aprendido nunca a querer.

Pero Laura aseguraba *quererla*.

No volvieron a mediar palabra durante el resto de la cena. Olivia terminó su comida por obligación, pero los alimentos eran molestos en su interior y sintió una necesidad imperiosa de vomitarlos. Laura esperaba quieta, con una mueca de dolor y de debilidad en su ajado rostro, agotada y con aspecto enfermo.

—Será mejor que te acuestes —dijo entonces Olivia—. Yo recogeré esto. —Laura la miró interrogativa—. ¿Qué?

—Solo hay una cama —musitó, casi sin atreverse.

—No te preocupes. Túmbate tú, la necesitas más que yo. Estaré bien, no te preocupes por eso —intentó que su voz sonase lo más fría y distante posible.

Laura no replicó, no después de la actitud cortante de su anfitriona. Se levantó, tambaleándose y se deslizó debajo de las mantas, demasiado cansada como para poner objeciones. Olivia ignoró los quejidos que la joven intentó disimular. Recogió los platos y los dejó en agua. Sus manos temblaban todavía.

Hizo un poco de tiempo en el baño, mirándose al espejo destartalado y hablando consigo misma. No sabía qué hacer con Laura, no sabía cuál era el siguiente paso. Dijo que solo se quedaría por unos días, pero estaba claro que hasta que no diera a luz no podría emprender ningún tipo de huida. Olivia era consciente del peligro que implicaba para ella misma tenerla en su casa, pero no podía permitirse dejarla morir a su suerte. Esperaría a que tuviera el bebé y luego se iría. No podía faltar mucho.

Aquella mujer la aterrorizaba, no quería tenerla cerca, no quería mirarla a los ojos.

Cuando regresó a la cocina, Laura había apagado la vela y parecía profundamente dormida. Se movía en sueños, atormentada, herida. Olivia, con curiosidad pura, se acercó y contempló su rostro sudoroso, presa del desasosiego. Pensó en ponerse a escribir, pero el ruido de la máquina la despertaría.

Apartó la silla del escritorio y la colocó cerca de la ventana. Miró cómo la noche lo inundaba todo, miró su infinidad. No se dio cuenta de que Laura observaba su rostro recortado por la iluminación de la luna.

Abandono

La casa que Fernando le enseñó era prisionera del abandono. A primera vista, Olivia sintió el impulso de negarse en rotundo e irse a otro lugar, pues tuvo una sensación desagradable al encontrarse en aquel interior gélido, frío y maloliente. El hombre parecía pedir perdón, con gesto cabizbajo, mientras se rascaba con ahínco la nuca. Manuel había preferido dejarlos solos, esperaba fuera, acompañado de un cigarro y del silencio de Fontiña.

El interior no estaba iluminado, no había electricidad. Fernando le tendió a Olivia una linterna para que pudiera examinar el salón, la cocina, la habitación y un pequeño cuarto que había sido utilizado de trastero. En esos momentos, lo que, en un pasado bastante remoto, había sido un hogar, se había convertido en un habitáculo solitario, plagado de polvo, suciedad y oscuridad. No le gustó en absoluto, le recordó al apartamento en el que vivió gran parte de su juventud de Madrid. Parecía que, en ese instante, aun muy lejos de allí, aun después de tantos años, se reencontraba con todo su pasado de golpe. Sentir el peso de los recuerdos, tan reales que casi podía tocarlos, fue, no solo desagradable, sino tan doloroso como una daga rajando su interior.

Escuchaba sus propios pasos impactar contra el suelo de madera. Escrutó cada parte, cada rincón. Estaba vacío y a la vez lleno. Vacío de vida, lleno de olvido. Se preguntó cuál podía ser la razón por la que Fernando, ese hombre hosco y poco afable, había abandonado esa casa para trasladarse a otra a un par de manzanas. Se preguntó quién había vivido allí, qué clase de vida habían llevado, a dónde se habían ido. Olivia, siempre observadora e inquieta, pecaba de sufrir curiosidad por las historias de todos y cuantos se encontraba en su vida. Ella era una mujer excesivamente reservada, pero con los años se deleitaba en ver cómo otros desnudaban su yo frente a ella. Tal vez porque, de esa forma, podía enterrar más hondo, podía esconder más hondo, podía silenciar más hondo, todos sus demonios infinitos.

El rastro del pasado, que era su sombra. Y la había matado tantas veces que no podría determinar si estaba viva, o solo permanecía con los ojos abiertos.

Hacía tanto que no escribía.

Hacía tanto que aquel Café había perecido. Aquel Café que Laura y ella habían abierto en Argentina, aquel en el que pretendían quemar todos sus años, aquel que les reportaba felicidad y protección. Aquel que habían cerrado y abandonado. Aquel que Olivia siempre había ansiado volver a encontrar, aun a sabiendas de que nunca jamás podría hacerlo. Las cosas, las oportunidades, las personas, vivían una única vez. No había segundas opciones, no había nada más. Una única vez.

No había muebles, cuadros, objetos de ningún tipo. Eran habitaciones esperando a alguien. Pensar en Laura, de repente, le hizo sufrir de impotencia y querer arder en ese silencio. Necesitaba empezar cuanto antes, necesitaba ocuparse, necesitaba volcarse en su nueva casa, en el Café. Necesitaba arrancar las ganas de morirse allí mismo.

Laura había muerto, la había abandonado y ahora ella era un ser solitario, dando vueltas sobre sí misma. Un ser solitario que daba tumbos por el mundo, a la que la gloria había abandonado, o ella había huido muy lejos. Quería perderse, difuminarse. Quería empezar allí como si naciera en ese instante. Trabajar en el Café, no escribir jamás, no volver a amar jamás. Dejar que el tiempo pase, que el tiempo pase. Envejecer y morir cuanto antes. Y reunirse con Laura o desaparecer. Para siempre.

—Me la quedo.

—¿Perdón? —Fernando se había quedado rezagado y se sobresaltó al escuchar la voz de Olivia—. Pero si todavía no ha visto la cocina ni el bajo.

—Es un lugar perfecto.

En realidad, no. No se acercaba en nada a lo que ella necesitaba.

—¿Está usted segura?

—No me gusta repetir las cosas —contestó ella, con apatía—. Ya me ha oído.

—Necesitará una limpieza, una reforma, muebles. Usted solo ha llegado con una maleta. No tiene nada.

Olivia sonrió con desdén, pero su expresión era invisible en esa oscuridad.

—He llegado con muchas cosas —murmuró—. Muchas más cosas de las que a mí me gustaría.

Manuel

Olivia estaba sentada en la barra del Café. Dorotea se había ido, después de haber estado trabajando desde primera hora de la mañana hasta bien entrada la noche. La muchacha, a pesar de su exasperante torpedad, había demostrado un espíritu de trabajo y de superación que obligó a la hosca anciana a reconocer una paciencia de la que creía carecer. Aunque agotada, mantuvo un temple y una diligencia que, si bien no llegaban a lo que la dueña del Café habría elegido en otras circunstancias, la hicieron sentirse esperanzada. Era extraño pensarlo así, porque la vida no era tan hermosa, pero posiblemente aquella joven abandonada fuera la persona perfecta para mantener vivo su Café y, con él, su memoria y recuerdo después de muerta.

No tenía energías para leer. Mantenía la mirada fija en el color violeta apagado de las flores que estaban junto al expositor de pasteles. Estaban levemente marchitas. Mañana, la florista vendría, las tiraría y colocaría unas nuevas y más hermosas en su lugar. Las flores, que eran símbolo de belleza, perecían de forma tan efímera que resultaba doloroso. A Olivia le fascinaban porque le permitían contemplar la hermosura pura, y le repugnaban con intensidad porque solo eran cadáveres sin vida.

Todos eran flores condenadas a ser despojadas. Podía verlo en su arrugado rostro y, aún peor, podía verlo en la juventud lozana de Dorotea.

La joven Dorotea, simple, asustada. Se le asemejaba a un cachorrito herido. Apenas había mediado palabra durante todo el día, la miraba con temor, como si Olivia fuera a reprenderla en cualquier momento. Siempre le había gustado hacerse respetar, mirar a los demás por encima del hombro, pero odiaba la forma en la que Dorotea la veía. Ver el miedo en sus pupilas le causaba un dolor desagradable que no conseguía entender. En más de una ocasión se había quedado petrificada ante el brillo inexistente de sus pupilas y había tenido que apartar la mirada y quedarse muda. Y había ansiado cogerla de las manos, abrazarla y preguntarle qué o quién le había causado tal daño en su vida para dejarla en ese estado.

Pero Olivia era incapaz de mostrar ese cariño espontáneo. La anciana era gélida y áspera, la anciana había perdido su dulzura hacía tantos años que no lograba encontrarla. Ni siquiera el sabor del azúcar lograba ayudarla.

Entonces escuchó la campana de la puerta, que rompió el armonioso silencio y la solemnidad machacante de sus pensamientos. El Café estaba a oscuras, pero reconoció perfectamente la silueta de Manuel, el panadero, recortada en el umbral.

—Traigo los pasteles de nata para mañana —anunció—. ¿Molesto?

—Por supuesto que no —respondió Olivia, quejumbrosa.

Manuel era el mejor amigo que había obtenido en los últimos años. Su carácter tranquilo, sosegado, sumiso y bondadoso habían ayudado a limar, poco a poco, la coraza pétrea de la vieja escritora. Sus visitas, su presencia, sus palabras, eran tan necesarias para Olivia como el propio aire que llenaba sus pulmones, como el latido de su corazón.

El panadero, con aspecto cansado, se acercó a la vitrina y, despacio, fue introduciendo los dulces en las baldas acristaladas. Olivia, distraída, lo miró. Quería hablarle, quería contarle muchas cosas, pero no sabía por dónde empezar. Todavía se sentía avergonzada por su actitud del día anterior.

—¿Qué tal con la jovenzuela? —preguntó él, con la voz ronca.

—Es torpe—respondió.

—Dale tiempo, se acostumbrará. Parece una buena chica. El café que me sirvió estaba delicioso. Incluso se atrevió a sonreírme. Aunque su sonrisa era muy triste.

Manuel seguía sin mirarla.

—No tengo tiempo.

—No seas tan pesimista —le reprendió él—. Todavía te queda tiempo. Todavía nos queda tiempo a los dos. Date otra oportunidad. No haces más que clamar por el final, pero todavía hay personas que no quieren que te vayas.

Olivia apretó la mandíbula. Manuel se limpió las manos en el pantalón, después de terminar de colocar los dulces, y se sentó frente a la anciana. Apoyó los codos en la barra y entrelazó sus gruesos dedos. Después los miró fijamente.

—¿A qué le tienes miedo, Olivia?

—No tengo miedo.

—Claro que tienes miedo, todos tenemos miedo.

—Sentí miedo ayer —confesó, en voz baja—. Ayer cuando no pude levantarme, ayer cuando iba a dejarme morir. Ayer cuando Dorotea llamó a mi puerta.

Manuel se volvió hacia ella.

—Todo ha salido bien.

—Temo que mañana vuelva a pasarme. O pasado mañana. O esta misma noche. Temo acostarme y no volverme a levantar.

—Todavía es pronto— repitió, insistente.

—Es demasiado tarde.

El panadero liberó sus manos y buscó las de Olivia, que descansaban en su regazo. Las asió con suma delicadeza y las acarició muy despacio. La anciana esquivó sus ojos, porque no quería que él viera sus lágrimas.

—Eres fuerte. Eres increíble. Eres eterna. Fontiña te necesita. El Café te necesita. Esa niña te necesita. Y yo te necesito. Por eso mismo, no te vas a morir aún —sonrió—. Todavía recuerdo la primera vez que te vi, tan serena, tan digna, tan prepotente. Nunca había visto delante a una mujer con tanta fuerza como tú. Estaba aterrorizado y fascinado al mismo tiempo.

—Estaba muy asustada por aquel entonces.

—No lo aparentabas. Aparentabas ser la encarnación de la valentía.

—Debía serlo. Tenía que cumplir una promesa.

Manuel asintió.

—Y lo has hecho. Has cumplido el deseo de Laura.

—No, aún no. Porque Laura me pidió que fuese inmensamente feliz.

Marafariña

Dorotea intentaba impresionar la mirada severa y penetrante de Olivia, pero dudaba estar consiguiéndolo. Notaba cómo su inclemente porte la observaba desde una mesa situada al fondo del local, mientras ella se movía con torpeza entre las mesas abarrotadas de gente.

Nunca había estado en un lugar así. Si bien era cierto que Dorotea no había tenido ocasiones ni medios para frecuentar asiduamente locales, cuando era más pequeña había acompañado a su abuela a partidas de cartas en diferentes cafeterías del pueblo. No sabía que podía existir un sitio en el que un cúmulo de desconocidos entrasen y, sin más, formasen parte de la gran familia que se condensaba en el Café de Fontiña. Jóvenes, niños, viejos y adultos llenaban las mesas y las sillas, llenaban el ambiente de distendida conversación, llenaban los libros de ojos ávidos de letras, llenaban de alma aquel hermoso cuerpo artificial. Y Dorotea era la encargada de mantener el café en sus tazas, de llenar sus jarras de infusiones, de servir zumo de naranja natural a los más pequeños. Por primera vez en su vida, se sentía parte de algo, una pieza importante de una acción. Aquel orgullo la estaba nublando.

A duras penas era capaz de mantener aquella bandeja plagada de tazas con una sola mano. Pero nadie parecía reparar en ello. Los clientes sonreían, eran cordiales, afables. Le preguntaban su nombre, le daban la bienvenida al Café. A las pocas horas, Dorotea fue tomando seguridad, comenzó a sonreír, a responder a las preguntas con cordialidad. Los nervios y la sensación de torpeza, fueron dando paso a una destreza poco madura y a ciertos dejes de simpatía.

Tomás y Clarisa acudieron en una de las últimas horas de la tarde para verla. Bajo la mirada de Olivia, Dorotea se tomó la libertad de intercambiar unas palabras con quienes eran ahora su nueva familia. Les preparó café, con todo el agradecimiento del mundo, y les impidió abonar la consumición. Su jefa no le reprochó nada.

Una vez se hubieron quedado solas, Dorotea aprovechó para respirar y tomar el aliento. Le dolían las piernas y las plantas de los pies, estaba impregnada en sudor frío y notaba tensión en cada uno de sus músculos. Ese cansancio, ese desgaste físico, le produjo un placer extraño, una satisfacción personal que nunca antes había sentido. Mientras terminaba de limpiar los últimos utensilios y de recoger las mesas, Olivia se levantó por fin y se le acercó.

—Limpia la cafetera, la vitrina y friega todo el suelo. Después podrás irte.

—Sí.

La anciana permaneció en pie observándola, tan quieta que parecía formar parte del mobiliario. Dorotea tardó un buen rato en cumplir con las últimas tareas, intentando que el cansancio agudo no traspasase a su rostro. Sin embargo, al finalizar, no pudo evitar estar jadeante y alicaída.

—Es suficiente por hoy —gruñó.

Dorotea no dijo nada.

—Puedes irte —aclaró.

—Está bien.

—Mañana a la misma hora. No te retrases.

—Vale.

Dorotea carraspeó, muerta de hambre y con la garganta seca. Dio media vuelta, sintiéndose decepcionada por no haber recibido ni una muestra de agradecimiento, ni una sola palabra de ánimo por parte de Olivia. Se dirigía despacio hacia la puerta cuando la anciana la detuvo.

—Espera un momento. Ven aquí —le ordenó con seriedad.

La joven temió algún tipo de bronca. Regresó sobre sus pasos y se detuvo frente a la anciana.

—Quiero que hagas algo por mí. —Olivia se acercó a una de las estanterías cercanas y sacó un grueso libro. Se trataba de un ejemplar con la cubierta de color verde. Recreaba un bosque. El título, llamativo, rezaba: *Marafariña*—. Léelo.

Dorotea lo tomó con cuidado, como si fuera de cristal. No había leído nunca una novela en su vida, nunca había sentido interés por la literatura, o nunca nadie le había enseñado a tenerlo. Tal vez ese gesto era toda la gratitud que Olivia podía mostrarle y podría darse por satisfecha.

—Gracias.

Lo giró. Por detrás ponía el siguiente extracto bíblico:

"No me instes con ruegos a que te abandone, a que me vuelva de acompañarte; porque a donde tú vayas yo iré, y donde tú pases la noche yo pasaré la noche. Tu pueblo será mi pueblo, y tu Dios mi Dios. Donde mueras tú, yo moriré, y allí es donde seré enterrada"
Rut 1: 16 y 17

Dorotea tampoco sabía nada de la Biblia. No entendió la importancia de esas palabras. Levantó una mirada interrogativa y ridícula, y se encontró con la expresión imperturbable de una Olivia que mantenía los brazos cruzados en el pecho.

—La propia Biblia se contradice a sí misma —dijo entonces—. Rut le dice, sin titubeos a Noemí que irá con ella a donde ella vaya, sin plantearse nada, sin dudarlo ni tan siquiera un segundo. Incluso, adorará al mismo Dios. ¿Qué vemos aquí, Dorotea? ¿Una muestra de amor infinita? ¿O, tal vez, un simbolismo de lo que es la fe ciega en una creencia? Rut irá a donde vaya Noemí, a donde sea, hasta el fin del mundo. Irá con ella hasta morir. Se dejará llevar, no tomará decisiones por sí misma. Será su esclava, por decirlo de algún modo.

Dorotea lanzó la pregunta sin pensarlo.

—¿Y no es eso, acaso, la felicidad? ¿Amar a alguien con tal verdad que todo lo demás no importe nada?

Argentina

Laura seguía manteniendo ese aspecto enfermizo, esa palidez que ensombrecía su hermosura, esa expresión amarga y esos labios ausentes de palabras. Su figura débil recortaba el horizonte, mientras su cabello ralo era maltratado sin piedad por la brisa marina. Miraba la inmensidad del océano, manteniendo un diálogo mudo con el infinito absorbente. Podría decirse que sus ideas naufragaban, sin rumbo, en aquel vacío, en ese silencio, en una violenta soledad.

Olivia la observaba sin saber cuáles eran las palabras adecuadas para decir. Ella fingía estar fuerte, bien e inalterable. En ningún momento se permitió el lujo de flaquear, de mostrar su propio terror, manteniendo un tesón y una templanza a la que Laura se aferró como a un clavo ardiendo. Olivia la asió con todas sus fuerzas porque no quería que se fuera, que se dejara ir, que se perdiera. Laura era una persona demasiado maravillosa como para expirar con tal prontitud.

Apenas habían hablado desde que aquella fatídica noche el bebé nació muerto, sin vida.

Huían del pasado, de los recuerdos, la muerte y la amenaza de sus vidas. Huían porque eran enemigas de su país, porque si las capturaban las aniquilarían. No, Laura era la que huía. Olivia no tenía necesidad de hacerlo, pero ni por un momento se planteó la opción de quedarse y decirle adiós para siempre. Sabía que si la dejaba sola, posiblemente moriría. Sabía que, si ella misma se quedaba sola, también podría morir. Los días habían transcurrido muy deprisa, rodeados de angustia y de incertidumbre. Eran dos mujeres desconocidas, sin destino, que solo se tenían la una a la otra. Solas y, al mismo tiempo, poseedoras del infinito que otorga la libertad.

Todavía quedaban varios días de viaje para llegar a

Argentina. Ninguna de las dos tenía prisa por alcanzar tierra, pues no sabían qué es lo que iban a hacer allí. Olivia tan solo tenía una maleta con un poco de dinero y un par de manuscritos. Laura no tenía nada más que la ropa que llevaba puesta y el alma rota.

Hacía frío en cubierta, pero lo prefería con creces a regresar al interior. El olor y el calor eran muy desagradables.

Laura no decía nada. Sollozaba quedamente. Olivia quería consolarla, pero no sabía hacerlo.

—Laura... —murmuró.

—No puedo olvidarlo. Era mi bebé.

Era su bebé, sí. El macabro destino quiso que sobreviviera durante los meses de embarazo y pereciese al acariciar la vida. Ni tan siquiera una hora le había regalado la maldita vida.

Olivia se volvió e hizo una mueca. Las contusiones y golpes de su cuerpo todavía dolían, no había podido curarse ni guardar reposo. Aun así, intentó que la expresión de su cara no se viera alterada.

—Deberías dejar que te viera un médico —dijo entonces Laura, con un hilo de voz.

—Estoy bien.

—Esa muñeca tiene mal aspecto.

La mujer escondió bajo la manga la mano de un color preocupantemente violáceo. Carraspeó y miró de soslayo a Laura, reprimiendo el impulso de rodearla entre sus brazos e intentar reconfortarla de alguna manera. Era tan pequeña, tan frágil, tan gris, que se sentía sumamente impotente. Semejaba ser una cría.

—Lo he perdido todo, Olivia —murmuró—. Han matado a mi marido. Ha muerto mi hijo. No tengo vida. Debería de terminar con ella. No quiero vivir.

—Tienes que vivir. No queda otro remedio.

—Ni siquiera tengo valor. Si lo tuviera saltaría y me dejaría caer al océano. En pocos minutos me ahogaría y este infierno habría acabado. No sé describirte cómo me siento, no sé describirte cómo estoy. Pero creo que es el peor sentimiento que nadie puede sufrir.

Olivia también había conocido el sufrimiento desde que había nacido, durante todos los años que llevaba a sus espaldas, había experimentado dolor, desgracias y soledad. Y sin embargo, nada de eso era equiparable a la horrible sensación que le daba escuchar las crudas palabras de aquella mujer.

—Escríbelo.

—¿Qué?

Laura la miró, entonces, con las pupilas brillantes y la tristeza sólida en las facciones de su rostro.

—Escribe lo que siento. Escríbelo para mí.

Hija

Dorotea regresó a la casa de Clarisa y Tomás cuando la luna dominaba el cielo, el frío de la noche era agujereante y el cansancio hería cada una de sus articulaciones. Timbró, con extrañeza, y esperó. Durante los pocos segundos que tuvo que mantenerse quieta, frente a la puerta, el impacto de la realidad cayó sobre ella como un cubo de agua helada.

Estaba sola, en un lugar dejado de la mano de Dios, viviendo de la caridad de unos vecinos y trabajando para una vieja que no sabía si iba a pagarle. Y, aunque lo hiciera, Dorotea tendría que abonar su propia deuda con aquel encantador matrimonio que la había acogido como si fuera su hija. Hija.

Pensó en sus padres y un extraño peso se instauró en su pecho. Después de su acelerada y turbia huida, no se había planteado si iba a volver a verles o no. Estaba claro que prefería no tener que regresar a casa, pues el miedo a los golpes y a los malos tratos seguía aún latente. Pero sentía una lástima aguda por su madre, indefensa en su silla de ruedas, soportando en silencio los puñetazos en las mejillas y desconociendo el paradero de su hija. Su inútil hija, que no sabía hacer nada, que carecía de habilidades, que era medio tonta. Pensarían que había sufrido un accidente, pensarían que volvería a casa, pensarían que fracasaría.

Y ella, ¿qué iba a hacer? ¿Se quedaría en Fontiña, dejándose arrastrar por esa realidad que de pronto se había plantado enfrente de ella misma sin hacerse preguntas, sin cuestionarse qué estaba haciendo allí, a dónde esperaba llegar? No tenía muchas opciones. O bien continuaba trabajando para Olivia Ochoa o bien mañana mismo se iba para regresar a casa. Pero las quemaduras de sus manos todavía dolían.

Aún después de que Clarisa abriera la puerta, luciendo su tierna sonrisa, Dorotea tardó en reaccionar. Se dio cuenta de que estaba temblando. Se disculpó, avergonzada por su actitud y siguió a la anfitriona. La mujer la guio hasta la sala de estar y la invitó a sentarse junto al fuego. La cena estaría lista enseguida, Tomás estaba preparando un pollo en el horno.

Dorotea agradeció enormemente poder sentarse, y no pudo evitar soltar un gemido de alivio al liberar sus cargadas piernas del peso de su cuerpo. Somnolienta, en la calidez de ese hogar casi pudo olvidar sus turbios pensamientos.

—¿Qué traes ahí? —quiso saber Clarisa.

La joven siguió la trayectoria de su mirada. Se trataba del grueso libro que Olivia le había dado, *Marafariña*, casi lo había olvidado.

—Olivia quiere que lo lea.

—En ese caso debes leerlo. Al fin y al cabo, es tu jefa.

Dorotea asintió, con el ceño fruncido. Quería darse una ducha y cambiarse su sudorosa ropa, pero no se atrevía a pedirlo. Balbuceó, bloqueada por su timidez, hojeó distraídamente el libro sin prestar atención a ninguna de sus palabras.

—¿Estás bien, Dorotea, cariño? —preguntó la mujer.

—Sí.

—¿Quieres que hablemos de algo? ¿Quieres contarme algo? ¿Quieres...? —La joven negó, aunque se moría de ganas por echarse a llorar y sincerarse con esa maternal mujer—. ¿Qué tal en el Café? ¿Te gusta?

—Es un sitio muy especial —contestó, tartamudeando—. Sí, me gusta. Estoy agradecida con Olivia por haber confiado en mí.

—Olivia te necesita. Y tú la necesitas a ella. Habéis llegado en un momento muy importante la una para la otra.

CAPÍTULO TRES

Escribir

Que me pide que escriba sobre ella, que me pide que escriba sobre cómo se siente, que me pide que escriba sobre el dolor. Y me pide una imposibilidad porque tan solo al intentar plasmar su nombre, su imagen acude a mi mente con una deslumbrante luz, y todo el sufrimiento se extingue de mi alrededor, como rociada por una bendición cálida. La maldad no existe, ella ha hecho que todo se evapore. Laura, Laura, Laura. Me pides que escriba para ti, me pides que escriba por ti porque crees que yo tengo la capacidad de hacerlo. Me admiras demasiado. No tengo esa capacidad, ahora soy una escritora muerta, ahora ya no sé escribir. Estoy frente al papel y solo soy capaz de escribir tu nombre, de mil formas, de mil maneras, de mil motivos.

Laura, amor, dulzura, hermosura, lágrimas. Laura, encuentro, destino, eternidad, sosiego. Laura, noche, amanecer, estrecha. Laura, silencio, música, baile, fiesta. Laura, abrazo, beso, caricias, despertar. Laura, eternidad. Con Laura las horas no mueren, se eternizan. Laura ha roto los relojes, desintegrado mis agujas. Laura me empuja a vivir, Laura me arrebata lo que tengo para devolvérmelo limpio, pulcro, hermoso. Laura no camina conmigo, si no que permanece junto a mí. O yo junto a ella.

[...]

Laura, me pides que escriba para ti, sobre ti. Me pides que sea tu catarsis, me pides que alivie tu dolor. Y no puedo hacerlo, no poder hacerlo me mata, me hiere, me pudre. Quiero ahogar todo lo que te ha hecho daño, quiero arrebatar la tristeza de tu rostro, no quiero que vuelvas a llorar. Tus heridas me hieren a mí. Tu pérdida es mi pérdida. Perdóname por no poder anular todo el pasado, movería el mundo entero, movería las mareas, movería el sol, los planetas, si en mi mano estuviera, para hacerte feliz.

Pero soy una escritora muerta, una mujer sin raíces, una mujer que solo piensa en la muerte. Excepto cuando piensa en ti.

Laura, Laura, Laura. Voy a estar contigo. Me pediste que no te soltase la mano, me dijiste que me querías a través de mis letras. Me fulminaste por completo. Herida en mi cama, sollozando. Hubiera dado mi vida por la de tu bebé para hacerte feliz. Hubiera dado mi vida por la de tu bebé sin dudarlo ni un segundo. Pero Dios no da esas oportunidades. Dios nos castigó a las dos sin motivo. Nos ha arrebatado la felicidad.

Y ahora navegamos en este barco, Laura. Y me pides que escriba para ti. Tú ahora duermes, duermes plácidamente lejos de la realidad. Cuando te despiertes, volverás a llorar de plena amargura y yo me romperé por dentro. Tú duermes y yo escribo, escribo palabras que nunca te enseñaré, que nunca enseñaré a nadie porque me avergüenzo de ellas, o temo avergonzarme si tú las lees. Laura, soy una egoísta. Tú me pides que escriba para ti y yo solo, únicamente, escribo para mí.

[...]

Que me pide que no muera, que me pide que sea feliz por ella, que me pide que la aferre a la vida porque ella no quiere vivir. Que me pide que la mate porque ella no tiene coraje suficiente. ¿Y cómo puedo matarla? Si ella muere yo también muero. Si ella muere mis horas empiezan a morir de nuevo.

Pesadilla

Olivia se despertó asustada, azotada y torturada por las sombras de sus pesadillas que, nada más abrir los ojos, olvidó con fugacidad. No obstante, el malestar, el disgusto y la angustia abrazaron su cuerpo y le impidieron respirar durante unos instantes. Abrió los ojos, irritados y heridos por la luz que penetraba por la ventana. Tenía la boca pastosa y una jaqueca agujereante. Tardó varios segundos en rememorar por qué estaba durmiendo sobre una silla.

El cuerpo entumecido y dolorido no le dio un respiro, ni cuando intentó estirarse para aliviar las molestias. Un dolor por la postura en el lado derecho de su cuello la hacía sentirse torpe y mareada. Bufó, malhumorada y avinagrada, y se puso en pie con dificultad. Miró el día que pretendía saludarla con desdén. Otro cúmulo de horas que expirarían con brevedad, otro cúmulo de horas que, mientras ella pensaba, se evaporaban poco a poco, o rápidamente. Se humedeció los labios y los frunció. Entonces se volvió y miró la cama que ocupaba aquella mujer.

La desconocida estaba girada hacia la pared, cubierta hasta los ojos con las gruesas mantas con las que Olivia había intentado calmar el temblor que la había azotado durante la noche. El frío y la humedad de ese apartamento eran brutales, ella misma había caído enferma hacía pocas semanas debido a esto y a la pésima alimentación. Se dio cuenta entonces de que tenía las manos heladas y todas sus extremidades entumecidas. Tosió ligeramente y notó cierto dolor en el pecho.

Se inclinó sobre Laura y le colocó, con cuidado, dos dedos sobre la frente. Estaba ardiendo, con total probabilidad tenía fiebre por algún tipo de infección o, tal vez, por las lesiones que plagaban su cuerpo. Olivia dudó. Lo que menos deseaba es que muriese allí mismo, en su cama, y tener que deshacerse del cadáver.

—Por el amor de Dios, Olivia —musitó para sí misma.

Se horrorizó al instante de lo grotescos que estaban resultando ser sus pensamientos. Se giró, regresó a la ventana, con la mandíbula apretada y despreciándose con insistencia. En seguida su respiración se vio alterada y su pulso se disparó vertiginosamente. No sabía qué hacer, no sabía cómo proceder. La noche anterior no había tenido más remedio que lavarla, alimentarla y dejarla dormir en su cama. Durante su letargo, había velado su sueño. Pero el día clareaba y se daba cuenta de lo imprudente que había sido. Laura estaba embarazada, enferma, desnutrida y sola. Olivia no podía cuidarla, no iba a asumir esa responsabilidad. Debía irse cuanto antes.

No había café ni pan, no había nada para desayunar.

La noche anterior, Olivia apenas había cenado y ahora se encontraba muerta de hambre y de agotamiento. Se acarició las sienes, furiosa por la propia encrucijada en la que se encontraba.

Volvió a mirar a Laura como si así consiguiera disipar sus dudas. La mujer seguía dormida, quieta y sin emitir ningún ruido. Quizás era la primera vez en mucho tiempo que era capaz de conciliar el sueño.

Necesitaba salir a por algo de comer e intentar encontrar a algún médico de confianza para informarle de la situación. Luego, pensaría en un lugar dónde Laura pudiera estar más segura y mejor atendida que en su propia casa.

Se cubrió con una vieja chaqueta de lana y se tapó el cabello con una pañoleta oscura, con afán de no llamar demasiado la atención. Las calles de ese barrio estaban medio desiertas e insólitamente tranquilas. Avanzó, abrazando su propio cuerpo, sin mirar a nadie, como una sombra más en ese mundo de tinieblas, aunque el sol pretendiera otorgar algo de luz, inerte en el cielo despejado.

Llegó hasta una plaza y entró en una panadería.

—Quiero pan, arroz y, si tiene, azúcar o algo dulce —

murmuró.

En el interior no había nadie, tan solo un hombre flaco y amargado, con cara de sufrimiento. Olivia solía acudir allí a por provisiones, pero nunca lo miraba a los ojos ni intercambiaban ningún tipo de comentario coloquial. El desconocimiento era la mejor forma de ser invisible.

—No tengo azúcar.

—Deme lo que tenga —apuró.

Olivia dejó caer unas pesetas sobre el mostrador, impaciente.

—¿Algo más?

—Es todo.

—Tenga cuidado con esa mujer que está en su casa —dijo, con un susurro casi inaudible—. Varios la han visto entrar y algunos cuchichean.

La joven sintió un pánico fulminante y notó cómo las rodillas amenazaban con flaquear. Intentó mantener la serenidad en su rostro y pensó en qué respuesta era acertada para acallar dicho rumor. Pero se dio cuenta de que cualquier acción sería inútil.

Cogió la compra y abandonó la tienda. Miró a su alrededor. Algunos vecinos desperdigados por las esquinas la miraban de soslayo, mas no sabía determinar si, a lo mejor, eran imaginaciones suyas. Se ocultó como pudo bajo su pañoleta y siguió caminando calle abajo. Conocía la consulta de un doctor que solía acudir al hogar de las monjas cuando era niña, discreto, servicial y comprometido. No disponía de tiempo y necesitaba matar dos pájaros de un tiro. Le expondría su situación y le pediría que se llevase a Laura a algún lugar donde pudiera estar bien. Esperaba que esa misma tarde *el problema* se esfumase.

Caminó durante varios minutos hasta encontrar un viejo edificio de piedra, en cuya puerta había una aglomeración de gente considerable a la espera. Olivia permaneció rezagada al principio, intentando pensar en cómo conseguir acceder al interior y hablar con el médico. Niños malnutridos, mujeres pálidas, hombres desgarbados. Todas y cada una de esas personas parecían tener mucha más necesidad que ella o que Laura.

Avanzó, con fingida decisión. Algunos de los niños levantaron la mirada al ver la bolsa de comida y entreabrieron los labios secos, dejando entrever el hambre atroz que debían de sentir. Con crudeza y frialdad, Olivia se vio obligada a ignorarles.

Consiguió entrar al interior, pero era aún peor que afuera. La cantidad de pacientes a la espera era desbordante. El olor allí dentro era nauseabundo. Quejidos, llantos y lamentos eran la melodía constante de aquella sala mal iluminada. Vio a una enfermera que intentaba poner orden en ese caos. Se acercó a ella y llamó su atención con un tono de voz firme y grave.

—Necesito hablar con el doctor.

—Tendrá que esperar... —le dijo con cierta grosería—. No parece que... —entonces la vio y arqueó las cejas— ¡Olivia Ochoa! ¿Es usted la escritora de...?

—Tengo un problema —la detuvo, con severidad.

—¿Qué clase de problema?

—En privado.

La enfermera suspiró con impaciencia. La admiración inicial se había evaporado.

—No se preocupe. Esos pobres infelices no irán a la Guardia Civil.

Olivia dudó. Pero las horas morían.

—Hay una mujer enferma y embarazada en mi casa. Necesito que el doctor la vea y se la lleven a algún sitio. No puedo quedarme con ella.

—Lo siento. No podemos hacernos cargo. Si quiere que el médico la examine, tendrá que venir aquí y esperar. No atiende partos en casa, ni tampoco tenemos ningún sitio al que llevarla.

—¿No lo entiende? ¡No puedo hacerme cargo! Y no

puede sobrevivir en la calle. Moriría en unos días.

La muchacha, con evidentes signos de cansancio, negó con la cabeza y sonrió de manera cruel.

—Mire, yo no soy nadie para juzgarla. Usted verá lo que quiere hacer. Puede echarla de casa a su suerte y dejarla morir en la calle. O puede intentar ayudarla como buenamente pueda. Pero aquí hay muchas personas igual o peor que usted. No puedo decirle nada más. Por favor, déjeme trabajar. Lo siento mucho.

Olivia regresó a la calle desesperanzada. Todo parecía precipitarse, todo parecía volverse más difícil a cada paso. Desanduvo su camino, ahora más despacio que antes, mientras intentaba replantearse la situación. Debía decirle a Laura que acudiera ella misma a ver al doctor y que tenía que irse. Le diría que fuera al médico y que no regresase. Sería duro en ese instante, pero luego esa desagradable y rara situación se solventaría y ella podría regresar a su vida, a sus letras y a su tranquilidad. Laura, la mujer que decía *quererla* por sus letras, desaparecería tal y como había venido.

Llegó a la puerta de su apartamento y suspiró despacio. La despertaría y la echaría. Esa pesadilla terminaría.

Abrió la puerta que chirrió molestamente y tomó aire.

La cama estaba vacía y revuelta. Y tampoco estaban sus cosas. Tan solo podía respirar su esencia, su melancolía y el aroma que había dejado en cada rincón de su hogar. Aturdida por su ausencia, dejó caer la comida al suelo y buscó con desesperación una nota, algo que le indicase a dónde ir.

Pero Laura había desaparecido.

Liz

—¡Hola, soy Liz! Es fantástico encontrar una cara nueva en este lugar.

Dorotea levantó la mirada, absorta en la lectura de la voluminosa novela que le había encomendado Olivia. Abrumada por la espesura de sus páginas y por el cansancio fulminante que sentía, apenas era capaz de asimilar y comprender su significado, apenas era capaz de conectar con sus protagonistas, apenas era capaz de vislumbrar la hermosura del lugar descrito. Ella era opaca, más superflua, más trivial. La profundidad, el manejo de los sentimientos, la cristalización de la vida, el arte, nunca habían formado parte de su existencia. Ahora todo había cambiado repentinamente: tenía un trabajo, tenía una nueva familia y Olivia le obligaba a leer aquella novela desconocida hasta entonces. En realidad, todas las novelas lo eran.

El tono vivaz y cálido de la florista la sobresaltó y dio un respingo. Al instante se sintió ridícula y sus redondas mejillas se sonrojaron. Intentó imitar la sonrisa de la visitante, pero la expresión vaciló en su rostro con su torpeza característica.

Habían transcurrido dos días desde que había comenzado en el Café y todo seguía igual. Olivia la observaba mudamente desde un rincón, sin acercarse en ningún momento, ni hablar con ninguno de los clientes o vecinos del lugar. Los huéspedes que recibía el Café de Fontiña se repetían tarde tras tarde y noche tras noche. Dorotea se esforzaba por familiarizarse con sus caras, su carácter y, sobre todo, el modo en el que deseaban el café. Todas sus energías se centraban en estas labores, a las que tan poco acostumbrada estaba, así que no tenía fuerzas para mucho más.

—Es triste cuando se marchitan —dijo Liz, queriendo volver a llamar su atención—. Da una sensación de vacío infinita.

Ambas mujeres se quedaron mirando la lozanía de la flor viva y renovada, que parecía resplandecer a pesar de no tener luz.

—Dime, ¿tú cómo te llamas?

—Disculpa, soy Dorotea.

—¡Dorotea! Vaya, nunca había conocido a nadie que tuviera un nombre tan literario. —Mientras hablaba, retocaba el centro floral de la barra, las flores se sustituían, pero el vivo color violeta permanecía—. Olivia no me había dicho nada de que estaba buscando una camarera, ¿cuándo has empezado?

—A principios de esta semana.

—¿Y te gusta?

—¿Qué?

—Si te gusta Fontiña y el Café.

—Sí, sí que me gustan.

Hubiera querido sobreponerse en cierta parte a la timidez abrasante que le impedía actuar con normalidad, y responder con la misma amabilidad y elocuencia con la que Liz, esa muchacha de cabellos claros y mirada viva, se dirigía a ella. También le habría gustado poder imitar la agradable sonrisa de sus labios.

—¿De dónde vienes? ¿Eres de por aquí?

—No —se apresuró a decir—. Es decir, no de Fontiña. Soy de un pueblo cerca de Ourense.

—¡Oh! He estado en Ourense hace unas semanas, tengo una tía abuela allí, con una casa enorme. Cuando nos juntamos mis hermanas y yo, nos encanta ir. Hacemos un *camping*, paseamos, vemos las estrellas. Cualquier cosa con tal de escapar, aunque sea un día o dos, de la rutina.

No identificaba esa felicidad. Liz era la primera persona que conocía que parecía satisfecha con su existencia, despreocupada por su suerte, con ganas de sonreír sin cansancio y sin atisbos de maldad. No era como Olivia, rodeada por una sombra negra; ni como Clarisa, que a duras penas podía disimular la tristeza atacante; o como su marido,

Tomás, quien también sufría su ánimo apagado.

—¿Tienes tiempo de tomarte un café?

Se sorprendió a sí misma pronunciando esa cadena de palabras. La entonación no fue muy acertada, ni la amabilidad surtió efecto, pero al menos consiguió quebrar la cadena que afianzaba su lengua.

—¡No puedo venir a Fontiña y no probar el café!

Liz dio un saltito y se sentó en una de las sillas. Miró con curiosidad el libro que Dorotea tenía abierto de par en par.

—¿Cómo lo quieres? —inquirió Dorotea.

—Adivínalo —la desafió Liz, divertida.

La joven camarera dudó. No era experta en psicología, como no lo era en nada en absoluto. Tampoco, jamás, había sido una amante del café. Dudaba poder solventar exitosamente el reto que la florista acababa de imponerle. Se volvió hacia la cafetera que se mantenía en el fuego y reflexionó.

Café espumoso, pero de sabor intenso. Con una pizca de azúcar y un toque de canela.

Se revolvió, con la destreza recién adquirida. Jugó con la jarra de leche hasta conseguir la textura deseada. Liz seguía hablando a sus espaldas, pero la concentración que Dorotea implicaba en su labor le impedía seguir el hilo de sus palabras. Cuando se volvió con la taza rebosante de café espumoso, la florista le sonrió. Acercó la nariz a la taza y se llenó la punta de la nariz de espuma con canela. Soltó una carcajada melodiosa.

—¿Sabes por qué me dedico a las flores? Porque son opacas. Son tan hermosas que ocultan todo lo demás.

Libros

El brumoso, solitario y triste local que había comprado a Fernando, el camionero, había sufrido una metamorfosis tan brutal que resultaba irreconocible. Las ventanas, tapiadas y cerradas, estaban ahora abiertas, amplias, limpias. Dejaban entrar la intensidad y pulcritud de la iluminación natural y, al fin, el interior irradiaba oportunidades, irradiaba calidez e irradiaba tintes de convertirse en un hogar.

Olivia observaba la forma en la que un grupo de obreros barnizaban la madera de las paredes y del techo. La barra ya lucía brillante y nueva. Ella la acariciaba con la yema de sus dedos, absorta en una alucinación enfermiza. Quería plasmar en aquel lugar, en aquel insólito rincón de Fontiña, la misma esencia que Laura y ella habían conseguido hacer nacer en Argentina. Si bien era cierto que ese proceso de rememoración, mientras le mostraba al arquitecto los mismos bocetos que Laura había diseñado para plasmar su sueño, era dolorosamente atroz, saboreaba la dulzura de regresar, en cierto modo, a ese pasado del que tan poco había podido disfrutar.

Su mirada serena y seria no dejaba entrever nada. Para aquellos vecinos que entraban a curiosear, que le ofrecían su hospitalidad, Olivia no era más que una mujer fugitiva, desconocida y amargada. No se molestó en perder esos adjetivos. No se molestó en mostrarse afable y amigable. Sus años de hacer amigos y de estrechar lazos con desconocidos habían quedado muy atrás, o nunca habían llegado a ser. Sea como fuere, ahí permanecía ella, ensimismada, sin ser capaz de escribir, e intentando materializar los sueños de una mujer a la que había amado como a nadie.

Llenaría el lugar de libros, de infinitos libros. Sería un lugar al que la gente podría acudir a leer y escaparse de todo lo demás. Y serviría el café más sabroso de los alrededores.

Toda Fontina olería su aroma amargo, que impregnaría sus calles.

Las reformas en la casa tampoco habían terminado pero Olivia había insistido en trasladarse allí a pesar de todo. De momento, una cama y una mesa para la máquina de escribir era todo lo que tenía, pero se negaba en rotundo a seguir abusando de la hospitalidad y la buena voluntad de Manuel, el panadero, que no había dejado de insistir a pesar de las negativas.

—Voy a hacer café, caballeros —anunció a los obreros.

Tomó la cafetera y puso el agua a hervir.

Se sentía desprotegida y extraña. Llevaba años divagando por el mundo sin encontrar su sitio, torturada por el dolor, como un animal malherido. Había tirado por la borda años dorados, años valiosos, que no regresarían nunca. Al principio, se había sentido profundamente herida con Laura por haberla abandonado, pero luego se sintió egoísta por la naturaleza de sus pensamientos. No podía obligarla a permanecer, la existencia que ella soportaba era *insoportable*. Ejerció su derecho a acelerar su finitud. Olivia no era quién para impedírselo, por más dolor que eso le causase.

Habían pasado tantos años, tantos años. Y parecía que había sido ayer.

Y así sería hasta el día de su muerte.

Tomó varias tazas de porcelana y sirvió el café, negro, cargado, intenso. Cogió una botella de *whisky* y acompañó con él la bebida. Colocó las consumiciones en una bandeja con motivos floreados y caminó, con decisión, hacia aquellos hombres. Les sirvió y ella misma también lo hizo.

—¡Salud!

La calidez abrasó su garganta y llegó hasta su pecho. Carraspeó con delicadeza.

A Laura le gustaba el c*afé espumoso, pero de sabor intenso, con una pizca de azúcar y un toque de canela.*

Furia

—La espuma tiene demasiadas burbujas. Se trata de que la leche quede cremosa, no de inflarla como si fuera un globo —le espetó Olivia, con un gruñido.

Dorotea, que se encontraba sudorosa y desbordada, apenas tuvo tiempo de detenerse a escuchar la reprimenda, una de muchas, que la vieja del Café le estaba soltando delante de toda la clientela. Las mesas estaban a rebosar, el calor del interior era fatigante, y aun así su jefa prefería tener el fuego encendido. La joven camarera a duras penas podía sacar adelante todos los pedidos, mientras intentaba ir limpiando la vajilla sucia para poder reponerla cuanto antes. Abrumada, se tropezó peligrosamente en varias ocasiones y se equivocó al servir, lo que le supuso otro motivo de represalias.

Demasiado saturada para contestarle, agarró con expresión ofuscada la bandeja llena a rebosar de tazas y vasos, recorriendo con una agilidad obligada los pasillos libres entre las diferentes mesas. Se esforzó por sonreír y ser amable con los clientes teniendo mucho cuidado de no derramar nada a pesar del temblor incipiente de sus manos. Asentía, saludaba y volvía a sonreír, enfrascándose, por unos segundos, en su papel de perfecta anfitriona, tal y como Olivia le había insistido en tantas ocasiones.

Ver a la solitaria Clarisa sentada junto al fuego le infundió calma. La mujer, lo más parecido que tenía a una figura materna, le agradeció con ternura el café humeante.

—No hay de qué.

—Hoy tienes mucho trabajo, por lo que veo —comentó.

—Sí, está a rebosar. Pero estoy bien, estoy bien —se apresuró a decir—. Disfruto con esto, de verdad. Me reporta muchas más cosas de las que pude llegar a imaginar al principio.

Era cierto. El trabajo en el Café, a pesar del carácter

llurano de Olivia, le infundía vida, le daba autoestima, le incitaba a superarse. Se sentía alguien, aunque tan solo fuera la camarera nueva del Café de la escritora Olivia.

—Me hace muy feliz oírte decir eso. Es precioso verte crecer así. Apenas veo nada en ti de lo que era la Dorotea que llegó aquí, con el coche estropeado y la mirada huidiza.

—Gracias, Clarisa. Sin vuestra ayuda nunca podría haber...

Olivia la llamó insistentemente desde la barra. Dorotea suspiró con pesar y se disculpó con la mirada antes de regresar junto a su jefa. La anciana asió la bandeja de la muchacha y la dejó sobre la barra con un brusco ademán.

—Tendréis tiempo de hablar en casa —le gruñó—. Hay personas esperando. No te pago para que estés de parloteo con los clientes.

Algo en el tono despectivo de Olivia le recordó a su padre y sintió un insólito enfado, que era la antítesis de la mansedumbre de su carácter. Apartó la mirada de su jefa y le dio la espalda con grosería. Aquello pareció sacar de sus casillas a la dueña del Café que aferró el grueso brazo de la muchacha y la obligó a volverse.

—Mírame cuando te estoy hablando, niña.

—No. Estoy harta.

Los ojos de Dorotea, al igual que sus mejillas, lucían encendidos de cierta furia y desesperación. Había estado dejándose la piel durante aquellas dos semanas, sin descansar ni tan siquiera un día. Pero por parte de la vieja y ofuscada Olivia, solo había recibido quejas, gritos, un carácter hosco y un voluminoso libro que no era capaz de leer. Repentinamente, todos los sentimientos que había pretendido ahogar en su interior emergieron como una explosión. Dos lagrimones, más propios de una niña que de una muchacha de su edad, cayeron por su rostro.

—Déjeme en paz. Déjeme en paz. Usted es una amargada, una grosera, una persona que no sabe tratar a nadie a su alrededor. No he recibido más que malas palabras, gritos, quejas y miradas fulminantes, sin motivo alguno. Lo único que estoy haciendo es intentar hacerlo lo mejor posible... ¡Si no está contenta écheme ahora mismo, pero no pienso seguir soportando este trato por más tiempo!

Olivia estaba perpleja. Dorotea respiraba con dificultad.

—¡Usted me dijo que no suplicara, que esa no era forma de vivir! ¿Por qué me dijo eso y ahora no deja de...de... humillarme? ¡Estoy harta de que me humille, estoy harta de que me mire por encima del hombro, de que me mire con desdén, con repugnancia! ¡Sé cómo soy! ¡Sé que no soy habilidosa, ni hermosa, ni extrovertida! Pero lo único, lo único que tengo ahora mismo es este Café, y me dejaré la vida aquí si es necesario para que usted confíe en mí, para que algún día usted pueda mirarme de otra manera, para que usted...

La anciana levantó la mano con firmeza, bloqueando el desfile de palabras que emanaban de la boca de la camarera. Aturdida, o mareada, con la cabeza gacha y la mirada hundida, se giró sobre sí misma, tomó su pañoleta y, sin mirarla, se dirigió a la salida del Café, haciendo resonar sus elegantes tacones. Dorotea, y cada uno de los clientes, le dirigieron una mirada atónita mientras la veían marcharse.

Dorotea juraría que lloraba.

Judías

Dorotea fregaba el suelo sin mucho ánimo. El local, por fin, se había quedado desierto. Había trabajado sin descanso durante toda la jornada y, en esos momentos, se sentía desfallecer. No conseguía entender cómo Olivia había podido dedicar tantos años a ese vertiginoso ritmo, aparentando ser tan frágil y quebradiza.

Olivia. Desde que se había ido llorosa de su Café, hacía varias horas, no había regresado. A la joven le costó mantener la compostura frente a la clientela y fingir que todo iba bien, cuando, en realidad, se sentía desnuda. Había creído que cuando su jefa dejase de escrutarla con gesto militar se sentiría mejor y más tranquila, pero aquello había resultado ser incierto. Se sintió infinitamente pequeña frente a la gestión de aquel lugar, con temor a que algo pudiera salir mal. Se habría esperado cualquier tipo de reacción pero no provocar el afligimiento y la huida de una persona tan pétrea como lo era esa anciana. No tardó en instalarse en su ánimo un molesto sentimiento de culpabilidad, al que estaba demasiado acostumbrada.

Por otra parte, tenía cierta sensación de éxito. Hasta ese momento nunca había tenido el valor suficiente para enfrentarse, para elevar la voz y sobreponerse a algo que le hacía sentirse mal. Los abusos en el colegio y los malos tratos de su padre siempre los había soportado desde el más absoluto mutismo. Aunque lamentaba, eso sí, que Olivia hubiera sido la primera víctima del despertar de su irascibilidad. Ahora, con el Café en silencio, en penumbra y soledad, se planteaba si había herido los sentimientos de aquella extraña anciana y si se encontraría bien. No sabía qué podía hacer ahora, pues estaba preocupada.

Terminó de limpiar el suelo, regó los floreros y apagó las luces. Cogió las llaves, colgadas junto a la caja registradora, y cerró.

Las noches en Fontiña siempre eran tan frías que sobrecogían.

Miró a su derecha. La luz de la casa de Olivia estaba encendida. Tal vez podría llamar y pedirle perdón. Barajó sus opciones: dudaba que aquella orgullosa mujer fuera a olvidarse de la actitud de Dorotea, incluso cabía la posibilidad de que decidiera prescindir de sus servicios y echar el cierre para siempre. Se le antojó agudamente desolador el hecho de que, un lugar tan hermoso e infinito como el Café de Olivia, dejase de existir.

Suspiró y se armó de un valor que no tenía. Como había ocurrido a su llegada a Fontiña, se posicionó frente a la puerta de la anciana y llamó con los nudillos. Pero esta vez la respuesta fue muy diferente.

—Pasa, Dorotea. Está abierto.

Aquello distó mucho de cualquiera de sus expectativas y eso la dejó helada, hasta tal punto que no se movió.

—Vamos, joven, no te voy a morder. Estoy haciendo la cena.

—Sí.

Dorotea giró el pomo y entró.

El hogar de Olivia se le antojó cercano, entrañable, cálido y acogedor. Era una casa pequeña de dos plantas. En la de abajo había una pequeña cocina y un salón revestido de madera, cuyo suelo estaba cubierto por una enorme alfombra. Subiendo unas empinadas escaleras, vio tres puertas.

Vaciló en el umbral antes de atreverse a pasar. También tenía el fuego encendido y olía a café intenso.

—Estoy terminando unas judías. Te estaba esperando.

—¿A mí?

—Supuse que vendrías a pedirme disculpas.

No se volvió a mirarla mientras hablaba. Dorotea podía contemplar su huesuda espalda y su cuello largo y torcido. Llevaba puesto un mandil a cuadros y tenía el cabello canoso recogido hacia atrás con una horripilante diadema.

—Sí… bueno… yo.

—No es necesario que digas nada. Sé que en el fondo ha sido culpa mía —la detuvo la anciana—. Perdóname. No he sabido tratarte como es debido. Supongo que hay algo en ti que me aterroriza.

Dorotea no supo qué decir. El tono dulce, cercano y cariñoso de Olivia distaba mucho del que le había mostrado hasta ese momento. Se retorció los dedos, manteniendo una pose infantil y se encogió de hombros. No entendía nada.

—¿Aterroriza? —dijo al fin, con tono torpe.

La anciana comenzó a emplatar la cena con toda la parsimonia del mundo. Llamó a la joven con un ademán y esta obedeció de forma automática. Tomó los platos y los dejó sobre la mesa, que ya estaba puesta para dos comensales.

—¿Bebes vino, Dorotea? —le preguntó.

Detestaba el vino, le recordaba demasiado a su padre.

—No. Agua.

—Agua ambas, pues. Toma asiento, por favor.

La mujer se sentó con agilidad frente a su plato de comida. Dorotea estaba famélica, pero la incomodidad del momento le impidió devorar su cena. Olivia tomó su tenedor y empezó a cenar, la joven la imitó.

—No es necesario que me trates de usted, no soy de esa clase de viejas.

—De acuerdo.

—Lamento mi comportamiento —repitió—. Siempre he llevado el Café sola, creí que moriría cuando yo lo hiciera. Tu llegada fue un giro caprichoso del destino, que parece complacerse enviando gente a llamar a mi puerta, esté donde esté. El caso es que, Dorotea, no he sabido qué hacer contigo. Para que lo entiendas, me sentía como una niña con un juguete que no sabe cómo utilizar. Pero una cosa sí es cierta: has demostrado valer muchísimo más de lo que aparentabas en un primer momento. Todavía no he tenido ocasión de decirte lo complacida y tranquila que me siento de que estés aquí, cuidando de mi Café como si fuera tuyo. Y, en cierto modo, lo es.

—Olivia yo...

—Por favor, acepta mi agradecimiento y mis más sentidas disculpas, querida Dorotea.

—No tiene... no tienes que preocuparte de eso. De verdad, no hay necesidad ninguna de que me pidas perdón por nada. Fui yo la que no debió gritarle... gritarte.

—Tú me enseñaste que me estaba comportando como una vieja amargada, cascarrabias y odiosa. No, definitivamente, no es ese el tipo de persona que quiero ser. Y mucho menos con alguien como tú, que no se lo merece en absoluto.

Hizo una pequeña pausa solemne con expresión neutral. Bebió un generoso trago de agua y siguió hablando:

—Gracias por haber venido a Fontiña, Dorotea.

—No... Gracias a ti. Si no hubiera sido por...

—No te equivoques, Dorotea. No te equivoques. Yo soy vieja, ya no me queda nada. Tú, en cambio, aún lo tienes todo por delante. Tienes horas infinitas, horas plagadas de vida que disfrutar.

Suerte

Cucarachas. Cucarachas.

Olivia abandonó la compra en el suelo frío de su apartamento y cerró la puerta con violencia. Salió a la calle de nuevo, herida por la luz del sol y envuelta por un torbellino de nerviosismo y desasosiego. La naturaleza de sus intenciones de abandonar a Laura a su suerte y sacudir así de sus manos toda responsabilidad, ahora acribillaban su culpabilidad. Notó el sabor polvoriento del arrepentimiento en su paladar, mientras se apuraba por las callejuelas grises de un Madrid desolado.

Carecía de sentido común lo que estaba haciendo. Exponiéndose a su suerte como una presa fácil, corriendo detrás de un peligro inminente para ambas. El propio dependiente de esa mañana le había indicado que varios vecinos comenzaban a cuchichear lo que, por supuesto, podía llegar a ser catastrófico. Sin embargo, al regresar y sentir el vacío negro que la desconocida había dejado en su hogar, no le quedó más remedio que sucumbir a la pasión de los sentimientos. No podría conciliar el sueño, no podría disfrutar de sus horas si desconocía lo que le había ocurrido a esa mujer de cabellos negros y torturada alma. *Laura había asegurado quererla.*

Llegó a una concurrida avenida y se detuvo en seco. Comprobó, de nuevo, el pañuelo con el que cubría su cabello y miró a su alrededor. Una pareja de la Guardia Civil recorría los diferentes puestos de ese pobre mercado con aires amenazantes de autosuficiencia. Apenas nadie osaba levantar la cabeza, que todo el mundo mantenía gacha y con la vista clavada en el suelo. Olivia, amparada por la sombra, avanzó en sentido contrario. Algunos bultos cubiertos por mantas se agolpaban en improvisados rincones que les servían como hogar, varios niños extendían sus manos pidiendo comida. La

Imagen era tan desoladora que no podía mirar.

No encontró a Laura y comenzó a impacientarse. No podría haber llegado muy lejos, no en su estado.

Cabía la posibilidad, que no quería contemplar, de que se la hubieran llevado, que ella se hubiera entregado, rendida. Cabía esa posibilidad y, si así fuera, nunca lograría perdonarse. Debió haberle indicado que no se fuera, que esperase, que no abriera la puerta. Que ella se encargaría de todo, que ella la protegería, que allí estaba a salvo. No tendría que haberse ido, no tendría que haberla dejado sola. Había sido una insensata, una descuidada, una mujer aprisionada por el egoísmo. El egoísmo propio de las personas a las que nunca nadie ha amado. *Pero Laura amaba sus letras y eso era más de lo que nadie le había otorgado jamás.*

¿Qué haces, Olivia, qué haces? Regresa. Déjala ir. No la conoces, no sabes quién es. Déjala ir. Regresa a casa y prosigue con tu vida, con tus horas. No merece la pena, sabes que no merece la pena.

Pero sí que la merecía. Y eso lo sabría un tiempo después, muchos años después, cuando a punto de morir, el nombre y la imagen de Laura le reportase toda la paz y felicidad que hubiera necesitado jamás.

Jadeante, se detuvo frente a una pequeña iglesia.

Dios imponía su presencia prepotente, marrón, todopoderosa, mediante edificaciones pretenciosas en unos años de ruinas y pobrezas.

Vaciló antes de entrar, sintiendo un escalofrío. Detestaba esos templos sagrados, como detestaba a los supuestos hombres de fe que los regentaban. Pero también sabía que, tal vez, Laura se encontrase allí dentro, rezándole a un Dios que nunca la escucharía.

Un gimoteo agudo llamó su atención y la detuvo, justo cuando estaba a punto de empujar la pesada puerta de madera. La vio, sentada en uno de los escalones de una fuente cercana. El porte cadavérico, la bolsa negra a sus pies. Se abrazaba el hinchado vientre con gesto dolorido y temblaba ligeramente. Olivia apretó la mandíbula, se volvió y corrió hacia ella, con enfado y con compasión. Sin más, se arrodilló frente a ella y le tocó las heladas manos.

—Laura —masculló— ¿Qué haces aquí?

—Yo no...

—No puedes irte así. No estás en condiciones de estar a la intemperie. Hace un frío de mil demonios y necesitas comer. Vamos, vamos a casa.

—No quiero ocasionarte problemas. He sido una necia.

Olivia asió sus muñecas. Su expresión era dura y gélida, ni un atisbo de calidez humana se dejaba entrever por los poros de su piel. Laura lloriqueaba como una cría, esa debilidad la exasperaba.

—Cállate. Vayámonos a casa.

—No quiero que... Tengo miedo de que te cojan por mi culpa. Si me acoges estarás ayudando a una mujer perseguida por el Régimen. Te encarcelarán, podrían matarte. Si eso ocurre, ¿qué pasaría con tus letras?

—Deja de decir idioteces.

—No son idioteces.

—No voy a permitir que mueras de frío y hambre en la calle.

—Suéltame. Dios me dará cobijo, viviré con las monjas.

—Dios te ha abandonado, Laura, ¿o es que no puedes verlo? —Esta vez, Olivia habló elevando la voz más de lo necesario—. Si no lo haces por ti, hazlo por el bebé que estás a punto de traer a esta mierda de mundo.

Los ojos de Laura eran tan negros como la noche. Penetraron en la mirada herida de Olivia y ambas mujeres se dijeron, en ese instante, muchas cosas, sin llegar a pronunciar palabras.

Amor

Olivia tenía los ojos entrecerrados y el mentón apoyado sobre las manos cruzadas encima de la mesa. Su respiración era tan aletargada que Dorotea creyó que dormía. Sin embargo, mientras la joven aún terminaba de rebañar su plato, siguió con la conversación como si esta no se hubiera interrumpido.

— Te parecerá una locura, Dorotea, pero solo te tengo a ti. Quedaría muy romántico si esto se tratase de una novela dramática o de una obra teatral. Pero esta es la vida real, o eso nos vemos obligados a creer. Sea como fuere, soy vieja.

Dorotea la miraba con una extraña mueca de desconcierto. Tenía la sensación de que las palabras de Olivia siempre giraban en torno a su obsesión con el paso del tiempo, su edad, la proximidad de su muerte y un sentimiento demasiado arraigado de soledad. Entonces, la joven se dio cuenta de que ella misma sufría también de esos males, aunque no era capaz de hablar de sí misma. De hecho, ahora que se detenía a pensarlo, no recordaba haberse sincerado con nadie con respecto a esos acribillantes dolores de su alma. Ella, como Olivia, también estaba enferma de lo que llamaban soledad.

No dijo nada porque, una vez más, no sabía qué decir.

— No sé si entiendes o no la gravedad de lo que te estoy diciendo — prosiguió la mujer, en la misma posición —, pero llegar a estos años y tener la impresión de que a mis espaldas únicamente he sembrado y he recibido dolor, que apenas he rozado la felicidad y que cuando miro hacia atrás, veo colores grises y negros, créeme que es lo más desolador que se puede llegar a sentir. Sobre todo cuando, sin más, te das cuenta de que no hay forma de regresar al pasado. Que no hay forma de enmendar nada, y tampoco hay tiempo para recuperar lo que hemos perdido. Llegar a mi edad, Dorotea, y darte cuenta de que en el fondo eres una fracasada, que nadie te echará de menos es el sentimiento más devastador que se puede tener.

Olivia hizo una pausa. A pesar de sus trágicas palabras, el timbre de su voz apenas variaba. Era sereno y serio, como si estuviera soltando un discurso informativo sin profundidad. Dorotea intentaba prestar toda la atención que su cansada mente era capaz de asimilar, pero empezaba a darse cuenta de que era muy difícil comprender los pensamientos de la vieja escritora.

—Lo siento —se vio obligada a decir.

—No, no digas eso. No quiero que sientas compasión.

—Entonces, dime, ¿qué necesitas que haga?

—Te dije que la felicidad solo se alcanza por... —Entonces abrió los ojos y los clavó en la somnolienta muchacha—. ¿Lo recuerdas?

—En lo que amamos o amaremos —respondió Dorotea.

Aquellas palabras habían quedado grabadas a fuego en ella. Ella nunca había amado nada con la intensidad que le permitiera sentirse viva y feliz. Por eso, aquella afirmación tan contundente por parte de su nueva jefa, le había supuesto una nueva visión de su putrefacto mundo carente de ese amor. Sabía que necesitaba amar a algo, o a alguien. Y en ese momento, Fontiña y el café bien caliente acudieron a su mente.

—Pero existe un problema —terció Olivia.

—¿Cuál?

—La mayor parte de las veces, no podemos elegir lo que amar. Es algo que ocurre de forma natural, no podemos controlarlo. Es irónico, ¿verdad? Aquello en lo que radica nuestra felicidad y no podemos enfocarlo a nuestro antojo. Por eso, en ocasiones, ese mismo amor se convierte en una maldición.

Entonces la anciana se levantó despacio. Dorotea hizo amago de lo mismo, pero la mujer le indicó con un ademán contundente que continuase sentada. Recogió los platos y los cubiertos, y puso el café al fuego. En seguida, el familiar aroma lo impregnó todo, lo acarició todo.

—¿Qué es lo que sabes de la represión? ¿De la ausencia

de libertad? ¿Nunca te has preguntado cuál es la razón por la que miles de personas, millones de personas, fueron asesinadas y encarceladas por amar lo que no debían amar? ¿Nunca te has preguntado por qué no eligieron el camino sencillo, aquel que les permitiera seguir viviendo, aun renunciando a lo que amaban?

Dorotea titubeó. Creía conocer la respuesta a esas preguntas pero nunca lo había experimentado en su interior.

—El amor es más fuerte que cualquier otra cosa.

—Sin amor no hay vida. Por eso, muchos murieron por amar a quién no debían, por creer en dioses en los que no estaba permitido creer, por amar una ideología que no estaba permitido tener. Y preferían morir, Dorotea, porque sin ese amor, tampoco tendrían vida. Y es imposible traicionar al amor.

—Es tan... hermoso.

—Y lo hermoso es, a la vez, tan destructivo.

La anciana llenó dos tazas de café con leche y las sirvió con presteza. Volvió a sentarse ahora con la expresión más suavizada.

—Me gustaría también amar algo tanto, hasta el punto de poder dar mi vida por ello.

Olivia sonrió, con cierta melancolía.

—Dorotea, me gustaría que te vinieras a vivir aquí, a mi casa. Conmigo.

Rota

Dorotea escuchó cómo su padre cerraba la puerta con un golpe brutal.

Ella permanecía con los ojos aún abiertos sobre la cama, casi sin atreverse a moverse. Se había acostado con la misma ropa puesta, después de haber guardado sus escasas pertenencias en una gran bolsa de deporte que encontró en el fondo del armario. Dolorida y asustada, lloró en silencio con los ojos vidriosos clavados en la ventana entreabierta. Las estrellas habían sido invisibles durante toda la noche.

Minutos después pudo oír a su madre encender el televisor. Impasible, casi muda y sin fuerzas, así permanecería el resto del día hasta que él regresase con la oscuridad. De esa forma había sucedido la interminable rutina de la que era víctima, y de la que, sabía, nadie vendría a sacarla. Estaba furiosa y cansada de llorar, cansada de las humillaciones, de los golpes y de sentir dolor, miedo, en su propia casa, que no era ni siquiera una casa en realidad.

Apretó los puños y se incorporó, aturdida por la falta de sueño. Tenía los ojos hinchados, la nariz enrojecida y un aspecto lamentable en general. Hacía varios días que ni siquiera había tenido fuerzas para darse una ducha. También hacía varios días que apenas tenía apetito. La situación no hacía más que empeorar, dentro del mismo maldito bucle interminable. Dorotea se había roto y ya no podía más.

Se miró las manos quemadas. Temblaban. Eran feas y gordas. Torpes e inútiles. Como ella misma, que era una inútil, como una máquina defectuosa. Alguien a quien nadie querría, a quien nadie respetaría. Alguien a quien daban ganas de escupir y rechazar, de insultar, de agredir. Esas lecciones las había aprendido muy bien, y pasarían aún muchos años antes de que consiguiera olvidarlas y sustituirlas por otras.

Tomó la bolsa de deporte del suelo, se la cargó al

hombro, suspiró profundamente y salió de su habitación para no regresar jamás.

Se escuchaba la televisión, que estaba a un volumen ensordecedor. Su madre ni siquiera se giró para mirarla, estaba quieta como una estatua. Dorotea se permitió el lujo de contemplar su silueta esquelética, recortada por la iluminación intensa de la pantalla. Quiso decir algo, pero no lo hizo.

Cogió las llaves del coche viejo de su abuela, que descansaban en un cenicero en el mueble de la entrada. El tintineo resonó en toda la casa, pero nadie le impidió irse.

Salió afuera y abandonó su vida pasada.

Huesos

—Tienes que comer, Laura.

La mujer estaba sentada sobre la silla, a la mesa, con expresión torturada, más pálida que nunca y con cada uno de los huesos de su cuerpo marcados en su carne. A pesar de su embarazo, cualquier prenda que Olivia le había dejado le quedaba como un trapo flojo sobre su figura esquelética y de aspecto enfermizo. A medida que habían transcurrido esas semanas, parecía consumirse más y más, hasta llegar a un punto que su debilidad era tal que apenas pronunciaba palabra y le costaba ingerir alimentos.

Desde hacía días, Olivia había sido incapaz de hacerla comer. En las ocasiones en las que Laura había hecho un esfuerzo por llevarse alimento alguno a la boca, lo había vomitado de inmediato. Si bien era cierto que las heridas con las que se había presentado habían empezado a cicatrizar, su salud no mejoraba ni un ápice. Olivia había salido de casa para conseguir alimentos y regresar. No se sentía segura dejándola sola en su estado y, además, temía que, de nuevo, intentase huir por su testarudez. Aunque ahora, esto último, se vislumbraba poco probable.

Habían compartido muchas horas vacías desde su llegada, horas que habían llenado ambas para detener sus pensamientos e intentar alejar el miedo que las carcomía y que se asomaba por todas partes. El miedo que era el arma más poderosa que patrullaba las calles, bajo la amenaza de torturas, encarcelamiento o ejecución. Por desgracia, ambas mujeres eran conscientes de la realidad que les había tocado vivir. De formas diferentes, sí, pero las dos habían sufrido un intenso dolor y, tal vez por eso, eran capaces de respetar sus silencios o de comprender sus palabras.

Se dio cuenta de que Laura era una persona extraordinariamente perspicaz, inquieta y con un gran potencial en su interior. Leía asiduamente porque odiaba la idea de ser una persona ignorante, y porque tenía miedo de que todo ese caos y el hambre le arrebatasen su manera de pensar. Las historias de Olivia que circulaban por la ciudad de Madrid y por otros puntos del país, eran de las pocas que no habían sido prohibidas, a pesar del fuerte mensaje oculto que contenían. Aquella muchacha, joven y maltrecha, adoraba charlar con la escritora sobre sus personajes, sus relatos, sus tramas y sus mundos. Era la primera vez en su vida que alguien parecía otorgarle tanto calor, tanta calma, tanta paz, y Olivia se regodeó, sin poder evitar el orgullo, de la admiración que Laura sentía por ella.

—Mi marido solía traerme libros a menudo. A veces estaba fuera de casa varios días y me pedía que me quedase dentro, que no saliera, que no le abriera a nadie. Yo sabía que estaba metido en algún problema político, o algo similar. Pero no hablamos mucho de eso, prefería mantenerme al margen, por la seguridad de ambos. A veces, hasta transcurría una semana sin que tuviera noticias suyas. Las letras me daban mucha vida por aquel entonces. Y, cuando él volvía, cansado, exhausto, se tumbaba en la cama, cerraba los ojos y me pedía que le relatase todas las historias que había leído en su ausencia.

Olivia no tardó mucho en darse cuenta de la extraña envidia que la figura del marido asesinado de Laura provocaba en ella. La idea de pensar así le creaba repulsión, pero la mayor parte de sus pensamientos eran deplorables y, en cierta medida, tuvo que aprender a aceptarse con los años. Una maldad inherente en ella afloraba con facilidad, fruto del más profundo egoísmo. Egoísmo que parecía evaporarse frente a Laura.

Escucharla era casi hipnótico. Cuando se callaba, o se quedaba pensativa mirando por la ventana, tenía el impulso de suplicarle que no parase, que siguiera hablando. Pero su posición le obligaba a mantener cierta distancia, a ser cordial pero fría y a fingir que ningún lazo se había estrechado. De vez en cuando, Laura le reprochaba su frialdad, su silencio, su hosquedad. Inquiría en ella, como queriendo buscar algo más, pero Olivia no la dejaba entrar.

—No tengas miedo de mí. No desconfíes de mí. Estamos aquí solas y encerradas. Somos dos desconocidas pero parece ser que solo nos tenemos la una a la otra. Yo no voy a hacerte daño, ¿qué es lo que tanto te tortura?

—Nada. Absolutamente nada.

—Eso es imposible. Lo veo en tus ojos.

—Puede que mis ojos también mientan.

—No, Olivia. Los ojos nunca mienten.

No mentían, era cierto. Los ojos negros de Laura lucían apagados en la más absoluta oscuridad. Era un color tan profundo y vacío (o impregnado de sensaciones trágicas) que le hizo evocar el frío de la muerte. La mujer apartó su plato intacto y dijo que necesitaba acostarse.

Olivia permaneció sentada a la mesa durante algunas horas más, fingiendo que leía, pero sin ser capaz de concentrarse en hacerlo. En realidad, observaba cómo el bulto que era Laura sobre la cama temblaba y gimoteaba por momentos. A medida que la fría noche iba avanzando y la lluvia caía con una insistencia feroz en el exterior, el letargo de la muchacha parecía volverse más turbulento y doloroso.

Un chillido ahogado despertó a Olivia de su sueño. Se había dormido sobre un cúmulo de mantas a los pies de la cama. Se encontraba dolorida y jaquecosa cuando, sobresaltada, se incorporó para mirar a Laura. Su palidez brillaba en la oscuridad. Tenía el rostro impregnado en sudor, le castañeteaban los dientes y gemía. Colocó los dedos sobre su frente y comprobó que ardía.

—Laura —imploró.

—Mi marido... mataron a mi marido... yo lo vi... lo mataron... me miraba como... como si fuera un niño.

Deliraba o soñaba en voz alta. Olivia se apresuró a empapar un trapo limpio en agua fría y colocárselo sobre la frente. Unos escalofríos atroces la fulminaron.

—Laura, Laura, tranquila. ¿Puedes oírme?

—Había sangre. Sangre por todas partes. Sangre. Y luego vinieron a mí y me pegaron, con tanta fuerza... yo creí que... me miraba como un niño.

Era una locura salir en la noche en busca de ayuda. Pero no tenía medicamentos ni conocimientos. No sabía qué podía hacer por ella. Se sintió inútil velando su sueño una vez más, impasible, muda y rota.

Noche

Dorotea se sentía insólitamente a gusto y cálida en la pequeña y acogedora casa de Olivia Ochoa. Acurrucada en el mullido sofá, provista con más mantas de las que necesitaba. Se habían quedado conversando hasta muy tarde, en lo que parecía un intento de acercamiento radical de la anciana mujer, que se mostraba todavía arrepentida por su carácter hosco y desagradable para con la joven.

Si bien era cierto que había dudado en aceptar o no la invitación de trasladarse a vivir allí y dejar en la intimidad a Tomás y Clarisa, se había visto obligada a decir un sí rotundo, incapaz de negarle nada a los ojos entornados de su jefa. La soledad de la que hablaba le había despertado una compasión casi tan grande como la que sentía por sí misma. Olivia apenas hizo señal de triunfo, se limitó a asentir despacio y a decirle que le ayudase a preparar el sofá.

—Voy a pedir que arreglen el pequeño cuarto que hay junto al mío. Te trasladarás allí en cuanto esté listo.

—Vale. Muchas gracias.

—Puedes decorarlo a tu gusto.

—Muchas gracias, Olivia.

La mujer permaneció pensativa durante un largo rato mientras ambas acomodaban el sofá para que fuera lo más confortable posible. Dorotea se encontraba tan exhausta que sabía que dormiría de cualquier manera. Sus pies y rodillas se lo agradecieron infinitamente cuando se dejó caer en su improvisada cama. Olivia observaba casi con gesto maternal.

—¿Estás cómoda?

—Sí, está muy bien.

—Te traeré otra manta.

—No es necesario, estoy bien.

—Hay más en el armario del baño, por si te lo piensas mejor.

—Vale.

—Bien —zanjó la mujer.

Aquel diálogo torpe de despedida le resultó casi cómico. Era evidente que su jefa no era muy diestra en ese tipo de relaciones. Vaciló durante unos instantes antes de despedirse finalmente.

—Buenas noches, Dorotea... ¿Estás bien?

—Sí, sí. Gracias.

—Hasta mañana, entonces.

—Hasta mañana, Olivia. Que descanses.

Observó cómo la raquítica figura de la mujer subía por las empinadas escaleras de madera y, después, escuchó cómo cerraba la puerta de su dormitorio y echaba la llave. A los pocos segundos, el silencio sepulcral fue como una nana para dormir. Bostezó y se acurrucó en el amasijo blanco que habían preparado para su descanso. Se había hecho tarde y tenía pocas horas de sueño por delante antes de afrontar una nueva y larga jornada laboral en el Café.

CAPÍTULO CUATRO

Dormir

Olivia se cruzó los brazos en el pecho, respiró hondo, llenando sus viejos pulmones del aire cálido de aquel lugar y, con melancolía, se preguntó qué estaba haciendo allí.

Era muy temprano, apenas había nacido el sol y la vida en ese pueblo era casi inexistente. Los vecinos aún dormían, protegidos en sus hogares, aislados de la feroz realidad, en las únicas horas en las que se le permitía al ser humano ser parcialmente libre. El sueño, la vía de escape, la liberación, el momento de detener el mundo y perder el miedo. El dormir se le antojaba a la anciana algo exótico, a pesar de llevar casi cinco décadas ejerciéndolo a diario. Postrarse en una cama, cerrar los ojos y permanecer indefensa al amparo de la oscuridad. Nada importa durante esas horas, ni siquiera era necesario comer o beber. Solo dormir.

La falta de sueño bien podía ser una de las peores torturas a las que se podía someter a un ser humano. La vieja escritora lidiaba demasiado a menudo con un insomnio fulminante y agotador, que le secaba las ideas y mermaba sus energías. Las noches en vela se eternizaban como una maldición, en las que se quedaba muy quieta mirando hacia el cielo estrellado o hacia el vacío. Su propio yo, su propia mente, la martirizaba con privarla de un puñado de horas de inconsciencia. La instaba a permanecer despierta, sumida en sus recuerdos, en el dolor de la pérdida, en ser consciente de su propia soledad.

Olivia, aquella que no tenía lugar, ni familia, ni nadie. Aquella podrida de soledad.

Aquel Café que abriría en unas pocas horas era su único proyecto desde que había dejado el mal hábito de la escritura. Aquel local, primorosamente decorado, tal y como Laura hubiera querido, era lo que mantenía vivo su latido y lo que le agarraba a la vida que expiraba poco a poco.

Se dejó caer en una de las sillas de madera y se masajeó la sien.

Hacía demasiadas noches que no conseguía dormir. Estaba exhausta, agotada, rendida. Ni siquiera sabía cómo iba a poder hacer frente a otro día más, un gran día como lo era aquel, el cual llevaba esperando meses de obras, reformas, compras y trabajo duro. Aquel en el que había volcado todo lo que tenía, sin tener muy claro si el objetivo tenía sentido o no.

Enterró el rostro pálido entre sus huesudas manos y prorrumpió en un llanto pueril, escandaloso y doloroso. No recordaba la última vez que se había permitido el lujo de llorar de esa forma, pero en esos instantes sintió cómo toda su amargura emanaba a través de sus lágrimas y sus sollozos, y algo muy perjudicial parecía liberarse, parecía purgarse de su interior. Soportó a duras penas el terrible dolor de los sentimientos tangibles, dejó que todo acudiese a ella y la hiriese en su interior. Se derrumbó sobre la barra y empezó a clamar por el nombre de la única persona a la que había querido, la única persona que la había querido a ella.

Ya he abierto el Café, Laura. Ya he abierto el Café. Pero no sé cómo voy a ser feliz. ¿Cómo has podido hacerme esto? ¿Por qué no me has dejado ir contigo a la dulce muerte? ¿Por qué me obligaste a vivir con tu maldito recuerdo?

Aquellas paredes de madera, la chimenea apagada, las cristaleras que exhibían los primeros segundos del amanecer, fueron los únicos testigos de la dolorosa y trágica imagen de ver a una mujer postrada, sola y hundida en su tristeza más pura.

Manuscrito

—Hazme un café, Dorotea, hija —pidió la anciana.

Dorotea no había escuchado entrar a Olivia. En esos momentos se encontraba canturreando mientras limpiaba las estanterías de las infusiones, aprovechando los momentos de soledad del mediodía. Le sorprendió la visita de su jefa, pero en cierto modo le alegró. Se limpió las manos y asintió, con gesto servicial. Vio, de soslayo, cómo la mujer se acomodaba en su lugar favorito, junto a las flores, y sujetaba entre las manos, como abrazándolo, un manuscrito con aspecto envejecido.

La camarera se tomó la libertad de preparar una bebida para ella misma y sirvió ambas tazas calientes. Se inclinó levemente, con los codos sobre la barra y empezó a dar vueltas a su espumosa leche. Olivia apenas hizo un gesto y siguió muy concentrada en su lectura. Unas gruesas gafas engrandecían sus apagados ojos. Se mordisqueaba el dedo índice con nerviosismo, y su figura temblaba ligeramente.

—¿Qué tal ha ido la mañana, Dorotea?

—Bastante ajetreada. Han venido los pedidos de las bebidas y también la florista a cambiar las flores... son bonitas, ¿verdad? Le he dicho a Manuel que mañana traiga el doble de bollitos de crema porque últimamente se acaban muy pronto.

—Me parece bien. Excelente.

La muchacha sonrió, agradecida por el cumplido. Tomó la taza del asa y se la llevó a los labios.

Sonreía con una facilidad que creía inexistente. Su trabajo y su vida en Fontiña la tenían tan absorta que apenas tenía tiempo para lamentarse, para volver atrás y mirar los recuerdos, para tener lugar para la tristeza. Ahora que había saboreado la felicidad, se daba cuenta de que esta era mucho más poderosa e intensa de lo que jamás había imaginado. Y quería, sí quería, aferrarse a ella con cada una de las partes de su ser.

Echó una ojeada a las hojas que Olivia recorría con sus ojos. Estaban escritas a bolígrafo, y la caligrafía era inequívocamente la de la autora. Sin embargo, no se atrevió a interrumpirla ni a inquirir sobre ella.

—¿Has terminado *Marafariña*?

—¡Oh, sí! Ya lo he devuelto a la estantería.

La anciana no elevó la mirada.

—¿Y qué te ha parecido?

Dorotea dudó. Marafariña había sido un lugar que la había encandilado, roto, inundado, expulsado, herido, acariciado y abrazado, todo al mismo tiempo, como una vorágine de locura y realidad. Si bien era cierto que era la primera novela completa que leía en su vida, jamás hubiera podido imaginar que unas simples páginas impregnadas de tinta pudieran contener un mundo entero del que era complicado escapar. Al finalizarlo, sintió tal desasosiego que tuvo el impulso de comenzarlo de nuevo.

—Intenso. Devastador.

Olivia levantó la mirada y sonrió con amargura.

—Me encantaría tomarme un café con Ruth —comentó la mujer, con aires nostálgicos—. Invitarla aquí, a Fontiña. Me gustaría oír de su propia boca qué se siente al tomar las decisiones que ella tomó, qué se siente al sentirse encadenada. Me gustaría saber de dónde sacó las fuerzas, y me gustaría saber cómo llegó a amar con tanta verdad a Marafariña.

—Tal vez sea simbólico.

—¿Simbólico? ¿Qué quieres decir?

—El amor de Ruth hacia Marafariña puede representar el amor de Ruth como sentimiento genérico. De hecho, cuando este amor llega a materializarse con lo que siente por Olga, su unión con Marafariña pierde cierta fuerza, pasa a un segundo plano, se relega.

—Yo creo que, en realidad, su amor por Marafariña es todo lo que tiene. Si lo perdiera, nada tendría sentido. De hecho, es su amor por ese lugar, su alma propia, la que la mantiene con vida y esperanza a pesar de todo, donde siempre encuentra consuelo, donde siempre...

—No. Sin Olga, Marafariña carece de sentido para Ruth —terció Dorotea.

—Olga podría ser otra persona, pero Marafariña no podría ser otro lugar.

Dorotea se calló entonces, pensando en la veracidad evidente de las palabras de Olivia. La anciana no añadió nada más, se quitó las gafas que, de repente, parecían pesarle toneladas y tomó su café entre las manos como si acabase de percatarse de que se encontraba ahí.

—Quiero que ahora leas este manuscrito —dijo entonces, con solemnidad y temor al mismo tiempo.

Dorotea se inclinó sobre las hojas mullidas y leyó el título de la portada, torturado por el tiempo y de difícil legibilidad. No figuraba el nombre del autor, ni ningún tipo de ilustración. Únicamente un nombre, un nombre que a Dorotea no le decía nada, pero que para Olivia lo era todo.

—Es la primera vez que alguien va a leer esta historia. Por favor, Dorotea. Cuídala bien.

La joven tomó las hojas con suma delicadeza y asintió muy despacio.

Laura.

Oscuridad

La noche, una vez más, auguraba ser ladrona de vida, como una maldición impuesta por la Naturaleza. La oscuridad más densa y aterradora devoró la figura de Olivia, que se inmiscuía por los callejones solitarios y peligrosos de una ciudad desolada y marchita. Solo podía escuchar el latido de sus pasos contra el suelo, haciendo eco, dejando tras de ella un rastro que cualquiera podría seguir fácilmente, exponiéndose a ser capturada, encarcelada y torturada, pero sin ser, en esos momentos consciente de tal cosa. Jadeaba de miedo y de agotamiento, parecía que su propia alma se le iba por el aliento entrecortado. El frío era maldito en su piel, rompía sus poros y se adhería a su cuerpo. Todo le dolía, incluso el corazón empapado de una angustia de la que no conseguía desprenderse.

Había dejado a Laura sola y no se lo perdonaría nunca. Pero no había tenido más opciones. Carecía de formación y de medios para salvarla, la veía retorcerse de dolor en su lecho y no sabía cómo actuar. Su rostro perdía color, se deshidrataba y deliraba presa de un atosigante delirio. Se aferraba el abdomen hinchado y gritaba con toda la fuerza de sus pulmones. Algo iba mal en el proceso natural del parto, algo que no auguraba nada bueno. Olivia le sujetaba la mano y la imploraba, pero la joven muchacha solo era capaz de expresar el sufrimiento con gemidos ahogados. La vida parecía írsele de las pupilas.

Necesitaba un médico, o morirían ella y el bebé.

Laura y su bebé.

Cuando alcanzó la vivienda del médico se empotró contra la puerta, apunto de desfallecer. Comenzó a llamar con los nudillos a la casa dormida, con tal fuerza que estos empezaron a agrietarse contra la madera astillada. Transcurrieron segundos eternos, antes de que pudiera escuchar ruidos en el interior.

—Lárguese de aquí —gruñó una voz femenina—. Mi marido duerme.

—Es una emergencia. Una mujer está de parto y...

—Lo siento, no podemos ayudarla —insistió la voz.

Olivia seguía golpeando la puerta, dispuesta a echarla abajo si era preciso. La rotura del silencio sepulcral de la noche había despertado a algunos de los vecinos que se asomaban, curiosos, a las ventanas y entreabrían las puertas.

—¿Quién es?

—Una mujer, dice que necesita de sus servicios.

Se detuvo al escuchar la voz del doctor. Intentó templar sus nervios.

—Soy Olivia Ochoa, la escritora. Hay una mujer de parto que necesita de su ayuda.

—No soy matrona —replicó él.

Sin embargo, abrió la puerta. Estaba ataviado con una bata de cuadros vieja y mostraba una cara de cansancio intensa. Parecía buscar sinceridad en los ojos aterrados de la joven Olivia.

—Está bien, vamos rápido —sentenció—. Tráeme mi maletín y unos zapatos.

El hombre se colocó una bata blanca por encima de la ropa de dormir y se calzó los pies desnudos. Tomó su maleta de trabajo y siguió a Olivia por las empinadas calles sin detenerse a mirar a su esposa. La joven apuró el paso, seguida muy de cerca del doctor que, mientras caminaban casi al trote, iba haciéndole preguntas sobre la paciente.

—Llevaba unos días enferma. Vine a verle, pero no pudo atenderme. Creo que tiene fiebre y mucho dolor.

—¿Hace mucho que la esconde en su casa?

—Unas semanas.

—¿Sabe de cuánto está embarazada?

—No.

Al llegar a su apartamento, Olivia abrió la puerta y casi se lanzó al interior. Las velas que había dejado encendidas se habían consumido y el ambiente estaba viciado de oscuridad y muerte. Laura todavía gemía, pero ya de manera más débil.

—Ilumine esto, dese prisa.

Olivia encendió unas velas con las manos temblorosas. La imagen que alumbró fue tan trágica que temió desmayarse en ese instante. Laura estaba postrada, retorciéndose en la cama, y las mantas y las sábanas estaban impregnadas del color rojo vivo de la sangre que emanaba de su interior.

—¡Toallas, vamos, toallas! ¡Y agua limpia!

No sabría determinar cómo consiguió sacar las fuerzas y la habilidad para llevar a cabo las órdenes del médico. Inundada por un nerviosismo que no había sufrido antes, y temiendo encarecidamente por la vida de esa mujer, llenó un barreño de agua corriente y buscó todas las toallas que tenía. El hombre le indicó que intentase detener la hemorragia. Las manos de Olivia se impregnaron de la sangre que Laura perdía a un ritmo vertiginoso.

Sintió cómo su mano débil y huesuda se aferraba a su muñeca, y muchas sensaciones dispares la embriagaron. Entonces escuchó su propio nombre emanar de los labios de Laura. Lo repetía, lo repetía débilmente pero con insistencia. Estaba aterrorizada y muerta de miedo, y parecía necesitar sentirla ahí mismo.

—Laura, estoy aquí. Tranquila.

Entonces, la joven parturienta perdió el conocimiento. El médico se inclinó sobre ella y apretó la mandíbula, sacudiendo la cabeza despacio. Olivia temió que estuviera muerta, pero aún podía sentir su presencia y su alma viva. Pero de diferente forma.

—Está muerto. El bebé ha nacido muerto.

Las palabras del médico calaron hondo en ella, como un golpe seco, pero no tanto como lo harían en Laura, que se debatía entre seguir viviendo, o dejarse ir para no tener que enfrentarse a tal agónico sufrimiento.

Yerma

La mirada perdida de aquella mujer agujereó sus sentidos, como si algo afilado y frío se clavase en ellos con la misma brusquedad con la que podía detenerse el corazón. El Café estaba abarrotado, Olivia estaba inmersa en la labor frenética, casi de forma autómata, con el rictus rígido y la sobriedad caracterizando sus movimientos. Pero esa figura, sentada junto a la ventana, inundada de tristeza y de mustia verdad, la hizo detenerse, con la bandeja llena de tazas de café y un plato de bollos de nata a punto de desplomarse.

Era Clarisa. No era la primera vez que iba allí. De hecho, era una clienta asidua que mataba en ese local, el hogar que Olivia abría a todo el mundo, las largas horas de sus tardes apagadas. Nunca había tenido ocasión de charlar, pues Olivia tampoco tenía gran facilidad ni alarde de palabra, y se había trasladado a Fontiña con ánimo de hacer amigos, a pesar de que el panadero parecía insistir en ello. La soledad era su cruz y su salvación, y era lo único a lo que le quedaba aferrarse.

Sirvió los cafés, incómoda. No era capaz de dejar de buscar a Clarisa con las miradas de soslayo, sintiendo el irracional impulso de acercarse y tomar sus manos para calmar el dolor que parecía atosigar y machacar su alma. Alguien se dirigió a ella, pero lo ignoró. Dejándose llevar por el extraño hechizo de los impulsos, sorteó las mesas ágilmente y dejó enfrente de la mujer su consumición y uno de los dulces. Se esforzó por dibujar una sonrisa en su rostro, pero no estaba muy segura de haberlo conseguido.

—Gracias —murmuró.

—¿Puedo sentarme? —preguntó Olivia.

La mujer la miró con extrañeza. Varias mesas estaban sin atender y reponer las tazas limpias era urgente.

—Sí.

Olivia se dejó caer en la silla vacía de enfrente, con ciertos aires de seguridad. Aunque era consciente de que era una mujer que imponía, que no resultaba muy amigable a primera vista, Clarisa no parecía molesta por su presencia.

—Eres la mujer de Tomás, ¿no?

—Sí. Él viene a desayunar aquí muy temprano porque odia hacerlo solo. Pero por las mañanas no me encuentro con ánimos de levantarme de la cama.

Tomás era un hombre alegre, vivaz y locuaz. Olivia recibía su visita, religiosamente, todos los días laborales a las ocho en punto.

—No he podido evitar sentarme.

—Sientes lástima de mí. Esa es la razón, ¿verdad?

—No, no siento lástima. —Era una mentira, o una mentira a medias—. Únicamente quería que charlásemos un rato, eso es todo.

—No tienes fama de ser muy habladora —contestó Clarisa, sin enfado.

—Lo sé. Pero, en realidad, nadie en este pueblo sabe nada de mí.

—Nadie sabe nada de nadie.

De repente, Olivia pensó en Laura y en el día que había llegado a su casa. Recordó, precisamente, las palabras que le había dicho en referencia a sus libros, y se sintió desnuda y desprotegida ante todas esas personas que la rodeaban. Su anonimato era su máscara, su protección, su escudo. No soportaría que sus obras llegasen a ellos. La magia, la huida, se perdería.

Clarisa se llevó el café a los labios. Con un ademán, señaló el libro maltrecho que escondía bajo la palma de la mano. *Yerma,* de Federico García Lorca.

—Soy estéril. Soy yerma. Soy mustia. Estoy podrida. No puedo dar vida en mí. No soy mujer, no soy nada. Estoy condenada a la soledad, al abandono. Estas personas me miran y lo saben. Sienten lástima pero, al mismo tiempo, piensan que estoy maldita, que me han embrujado. Mi útero no puede dar hijos. He condenado a mi marido a no ser padre.

Todas esas palabras emanaron de su boca como escupitajos. Olivia se quedó rígida entonces, y volvió a pensar en Laura y en su bebé muerto. Y pensó en sí misma y en su deseo inexistente de ser madre. Y volvió a pensar en sus libros, sus únicos hijos, los que había condenado a no ser leídos nunca más.

No supo qué decir, pero buscó sus manos y las aferró con fuerza. Clarisa lloraba, no físicamente, sin lágrimas, pero lloraba. Y Olivia comenzó ese llanto mudo también. Eran un reflejo, un espejo.

—Me siento infeliz. Me siento sola. No sé adónde ir. No sé a dónde dirigirme. No puedo hacer nada. Solo esperar a que esta vida pase cuanto antes y me deje morir en paz.

Apretaba las manos de Olivia con fuerza, con una fuerza desgarradora, que era la antítesis de su aparente debilidad.

—No estás maldita, Clarisa, ¿cómo una mujer tan infinita y hermosa como tú podría estar maldita? No puedes tener hijos, pero estás plagada de bondad, tienes mucho que dar. Deja que la vida te reporte otras oportunidades. Tal vez no puedes ser madre, pero puedes ser infinidad de cosas.

—¿Qué más podría ser? No tengo ánimos ni fuerzas para nada más.

—Estoy segura de que alguien en este mundo, en alguna parte, te está buscando. Alguien que te necesita tanto como tú a él.

Mientras Olivia pronunciaba esas palabras, también se las decía a sí misma. Pero sabía que eran mentira. Sabía que no eran ciertas. Nadie en ese mundo finito, hostil, condenado a nada, vendría a rescatarlas. Nadie las necesitaba en realidad.

Madre

—Mamá.

Su madre pelaba patatas, con los dedos hinchados y rojizos, como salchichas. Eran cómicos y desagradables al mismo tiempo. El cabello ralo caía sobre sus hombros, canoso, sin peinar, frágil y quebradizo. Su piel estaba agrietada y sus ojos apenas albergaban color. Al mirarla, Dorotea tenía la impresión de estar viendo a un esqueleto con una capa de carne, a un ente sin vida ni entusiasmo, a un cadáver pocos segundos después de morir. O antes de hacerlo. Sentía un desprecio absoluto, una pena inmensa y un miedo atroz. Porque en el fondo sabía que ella no era más que un reflejo de esa silueta cadavérica. Porque sabía que, con toda seguridad, ese era el futuro que le esperaba. O así sería si no lo remediaba.

Tenía una mejilla amoratada, pero las secuelas del maltrato más graves eran las que no se podían ver. Postrada en su silla de ruedas, con el porte alicaído y asolada por un mutismo prácticamente incurable. Dorotea necesitaba a su madre, la necesitaba porque era lo único que le quedaba en el mundo. Pero por mucho que la buscaba, nunca lograba encontrarla.

—Mamá —repitió.

La mujer levantó la mirada vacua. El cuchillo se resbaló e impactó contra el dedo gordo de la mano. Un hilo de sangre resbaló del pequeño corte que había surgido en su piel. No se inmutó. Dorotea observó, con un escalofrío, cómo el líquido rojizo caía entre sus dedos, se perdía en su palma y rodeaba su muñeca.

—Qué.

—Mamá tenemos que irnos. Como sigamos aquí, va a terminar por matarnos.

Dejó el cuchillo y la patata sobre la encimera. Bajó la

cabeza y se miró las uñas ennegrecidas.

—Es tu padre.

—Me da igual que sea mi padre.

—No hables así, con esa imperiosidad. Si no fuera por él, no tendríamos qué llevarnos a la boca.

—Prefiero morir de hambre antes de volver a soportar un día más bajo su techo.

—Por favor, Dorotea. Por favor.

Su tono de voz trágico insufló en sí misma una rabia reprimida que le era muy complicado manejar. Apretó la mandíbula, con tal fuerza que sus dientes empezaron a rechinar y comenzó a sentir un dolor punzante. Lágrimas, vivas, enfurecidas y ardientes, emanaban de sus ojos. Estaba abrumada, perdida y desolada, demasiados sentimientos en una mente tan joven que, de inmediato, se sintió poderosamente debilitada e inútil. El futuro estaba distorsionado frente a ella, el futuro que no existía ni era real.

—Pero mamá...

—Lo siento, Dorotea. No puedo hacer nada.

—Cobarde. Injusta. Cobarde.

—Cállate.

—Cobarde.

—Cállate, Dorotea.

—Mamá...

—Cállate.

Lo dijo con la voz tan rota que la joven no tuvo energías, ni las más mínimas, para replicar. Con las manos temblorosas, volvió a tomar la patata y la siguió pelando. Ahora la solemnidad era plena, como queriendo aparentar una normalidad inexistente. Con su madre frente a ella, Dorotea se sintió una huérfana abandonada.

Letras

Dorotea llegó a casa de Olivia muy tarde. El Café había estado lleno de clientes durante todo el día y las mercancías se habían agotado. Había tenido que quedarse un par de horas más después de echar el cierre porque las estanterías, las neveras y las despensas necesitaban urgentemente ser repuestas. En la única compañía de las flores violetas y el olor a café molido, transcurrió el tiempo hasta que la noche había invadido completamente el cielo, y las calles de Fontiña comenzaron a vibrar en absoluto y pleno silencio. Y soledad.

Durante la faena, sus pensamientos eran martilleantes. Era la primera vez, desde que llegó a aquel lugar infinito, que el recuerdo de sus padres le dolía de manera real. Había intentado huir del pasado, corriendo hacia adelante y dejando atrás su niebla densa, sus tinieblas, y el pavor que le causaba. Pero sabía que, tarde o temprano, esa realidad la asolaría de nuevo. Recordar a su padre la llenaba de terror, pero pensar en su madre le infligía un remordimiento abrasador en las entrañas. El temblor en las manos se expandía a su alma, y el sudor frío apabullaba sus sentidos. La palidez asolaba su tez, que se tornaba blanquecina y con aspecto enfermizo.

Cuando, al fin, cerró el Café, no consiguió desprenderse de esa impresión desagradable. Todavía se sentía aturdida y enferma cuando entró en la casa de Olivia, y el calor hogareño impactó en ella como un bofetón en lugar de como una caricia. La anciana se encontraba sentada a la mesa, con los ojos clavados en unas páginas manuscritas. Intercambiaron una mirada a modo de saludo, y la mujer sonrió levemente, hasta que la curva desapareció de sus labios y su rostro se tornó ceñudo.

—¿Te encuentras bien, niña?

—Sí.

—Estás pálida y ojerosa. —Olivia se levantó despacio y

se acercó a ella. Le tocó una mano y la frente—. Estás sudando y estás helada.

La joven sacudió la cabeza. Se dejó caer en la silla, frente a la mesa, y suspiró de manera aletargada. Notaba cómo el corazón bombeaba con intensa y dolorosa fuerza en su pecho, y cómo sus sentidos estaban embotados. A pesar de la atenta mirada de la anciana, a duras penas podía disimular el temblor que sufría su cuerpo, lo que hizo que se sintiera muy avergonzada.

Olivia no dijo nada mientras servía una sopa humeante que olía agrio. Dorotea no tenía hambre en esos momentos, y se sentía incapaz de comer nada. Pero no lo dijo, porque sabía que preocuparía todavía más a la mujer. Necesitaba acostarse y dormir, al día siguiente se encontraría mejor.

—¿Quieres hablar de algo?

Olivia tampoco probaba su plato. Su rostro envejecido estaba entrecortado de sombras a causa de la iluminación rojiza que nacía de la chimenea. Dejaba entrever la hermosura que en su juventud debió de brillar en ese rostro ahora demasiado marcado, demasiado marchito, demasiado triste.

—No.

—He preparado tu habitación, ¿quieres verla?

El nuevo cuarto de Dorotea se le antojó hermoso e inmejorable. Era pequeño, pero cálido. La gran ventana, con las cortinas corridas, dejaba entrar la eternidad de la noche. La cama estaba pegada a la pared, una colcha del color del otoño cubría el colchón. Había una estantería que Olivia debía de haber repuesto de libros a lo largo de esos días. Desprendía un olor que no sabía determinar. Lo más hermoso le pareció el escritorio, con una máquina de escribir reluciente y un florero en el que destacaban unas flores amarillas y vivas.

—Es... muchas gracias, Olivia.

—No tienes que dármelas. Te lo merecías. Todo te lo mereces. Todo, Dorotea.

Eran escasas las ocasiones en las que la hermética anciana se dejaba llevar por las emociones y mostraba cercanía. Ahora, al pronunciar esas palabras, un tono cristalizado delataba la desnudez de su alma. Dorotea no se atrevió a mirarla por temor a ultrajar su intimidad, pero apostaría a que sus ojos profundos lucirían vidriosos.

—Todo irá bien, Dorotea.

La muchacha se acercó a la máquina de escribir y acarició sus teclas.

—No sé escribir —musitó.

—Aprenderás.

—¿Cómo?

—Yo te enseñaré.

Se volvió entonces. Olivia le acarició la mejilla, tiernamente.

—No sé qué puedo decir...

—No tienes que decir nada. Te lo has ganado, ya te lo he dicho. Has trabajado para mí pero, sobre todo, me has dado algo que no se puede comprar ni adquirir en ningún sitio. Y, mucho menos, cuando se está tan cerca de la muerte. Dorotea, por favor, deja de darme las gracias. Soy yo la que tengo que agradecerte a ti.

—No veo la razón.

—Lo entenderás cuando seas vieja.

—¿Cuánto hace que no escribes? —le espetó entonces Dorotea, con toda la inocencia de su carácter.

Algo oscuro cruzó el semblante de Olivia.

—Hace demasiado tiempo.

—¿Cuánto?

—Eso carece de importancia.

—A mí sí que me importa.

La anciana apretó la mandíbula.

—Dorotea, mis letras no tienen razón de ser ya. No la tienen porque yo no la tengo. Se dice que los escritores son personas melancólicas pero, en realidad, solo los que han llegado a ser felices pueden escribir con verdad, con sinceridad y sin miedo. La tristeza y el miedo no sirven para nada.

—Inténtalo.

—Dorotea...

—Inténtalo —insistió, señalando la máquina reluciente frente a ella—. Estoy segura de que te vendrá bien.

—No eres la única que tiene miedo a recordar.

—Pues enséñame a no tener ese miedo. Solo así podré escribir.

Horas

El miedo, que forma parte de mí, es lo que me ha impedido seguir. Lo que no sé determinar es desde cuándo tengo miedo. Porque podría decirse que solo se siente terror cuando existe algo que perder. Yo creo, firmemente, que nunca he tenido nada que perder. No, lo creía. Porque en cuanto Laura apareció en mi vida, el miedo se apoderó de mi existencia como una enfermedad. De mi vida presente y de mi vida pasada, porque, repentinamente, también me resultaba atroz el pensamiento de perder mi memoria, mis letras, lo aprendido. Tenía miedo de que mis recuerdos se esfumasen y dejara de tener consciencia de mí misma.

El mundo era más grande de lo que yo jamás había podido imaginar. Siempre estuve recluida conmigo misma, siempre acompañada de la tranquilidad que reporta la soledad. La soledad es minúscula, pequeña. Crea una venda alrededor de todo lo demás. Mi comida, mi baño, mi cama, mi propio dolor, mis sueños, mis pesadillas y mis letras. No había conversación, no había nada que contar. Si no fuera por mis relatos, mis anhelos y mis tormentos se habrían muerto dentro de mi alma y se secarían con el paso de los años. No sé qué habría sido mejor.

He estado tanto tiempo sola que la escasa parte de mi vida que estuve contigo se me antoja mi eternidad. Como mi sol, mi luna, la marea de mi mar seco o el río que ya no sigue la corriente. Metáforas hermosas, demasiado simples para expresar. Soy una vieja, Laura. Ahora soy una vieja. Tengo el cabello canoso, se me cae, el rostro lleno de arrugas. Soy fea. Estoy llegando al ocaso de mi vida. No hay justicia en esto. Yo te recuerdo joven, viva, con toda tu hermosura latente. Si tú puedes verme, o si tú pudieras verme, me verías marchita y apagada. Como una flor amputada de la tierra que se doblega en su tallo que ya no la soporta.

Siento un desprecio tan infinito por lo que soy, por lo que me he convertido, que odio cada segundo que transcurre. Camino, corro hacia un precipicio mortal y no existe ninguna posibilidad de detenerme. Es agónico pensar que nunca más te volveré a ver. Desde que te fuiste, Laura, me he torturado con ese pensamiento. Y mi única esperanza radicaba en conseguir tener fe y creer en el cielo. Pero no la tengo, Laura, no la tengo. Sé que no te veré cuando mis ojos se cierren y mi cuerpo descanse en un ataúd de madera.

Hacía años que no escribía. Y me da la impresión de que estas palabras heridas rompen este papel y carecen de hermosura. Solo escribo para envenenar almas. No existe deleite en mi literatura, solo ahogo y finitud. ¿A quién puedo mostrarle semejante amasijo de dolor, Laura? ¿Qué derecho tengo yo de enseñarle a alguien esta miseria de mis pensamientos?

No estoy sola, Laura. Te he mentido. Dorotea está conmigo, vive conmigo y la adoro con toda la intensidad que aún me queda. Es una joven abandonada y me recuerda a ti, aunque no os parecéis en nada. Pero tiene esa mirada triste que tenías tú, y llamó a mi puerta. No quería, pero tuve que acogerla y ayudarla. Estaba abandonada a su suerte, muerta de miedo. Maltratada como lo habías estado tú. Es una muchacha extraordinaria, aunque ella no es capaz de darse cuenta. Ha traído vida a mi existencia, y a la existencia de todos los de este pueblo de mala muerte al que tanto he amado.

Dorotea ha leído el libro que escribí para ti. Sé que tú nunca podrías leerlo, pero, en cierto modo, me alivia que ella sí lo haya hecho.

Trabaja en el Café, el Café que era nuestro, porque yo ya no tengo energías para hacerlo. Es hermoso cómo cuida del lugar, cómo hace el café, cómo lo limpia, cómo lo mantiene, cómo le aporta calidez. Ella cree que me lo debe todo, pero no es capaz de ver que soy yo, somos nosotras, las que se lo debemos todo a ella.

Me queda poco tiempo, Laura. Por una parte quiero morirme y terminar de una vez con mi vida agonizante. Pero, por otro lado, me duele morirme y no volver jamás a pensar en tu recuerdo.

Sueño contigo todas las noches. Pienso en ti a todas horas. Las horas muertas, todas esas horas que mueren, están llenas de tu ausencia.

Olivia Ochoa.

Tortura

Nadie había preparado a una Olivia joven y viva para un dolor físico tan desgarrador, abrupto e injustificado. Ni sus letras, ni la profundidad infinita de su mente, su filosofía o su pensamiento grisáceo, podían albergar consuelo alguno para la tortura, la paliza, los golpes y la humillación a la que esos hombres la estaban sometiendo en su propio hogar.

Escuchaba quejidos agudos emanar de sus propios labios, hinchados y sangrantes, aunque no reconocía su tono de voz. Postrada en el suelo, con la cabeza entumecida, no podía ver a través de sus párpados heridos. Pero sentía y los escuchaba. Los sentía y los escuchaba, y entendía lo que decían. La insultaban y la increpaban. Y preguntaban por la mujer, esa mujer que acogía en su casa, la mujer embarazada de la que ni tenían la decencia de conocer su nombre.

Olivia no pronunció palabra alguna en ningún momento, asolada por el mutismo, motivado por protegerla a ella y, también, porque el pánico que sentía la había dejado bloqueada, gélida y fría. Entorpecida, inútil. Se había sentido una niña pequeña, asediada por el mal más infinito. Figuraba ser una mujer poderosa, valiente y cargada de coraje. Pero no, no lo era. Olivia, en realidad, no era más que una escritora pobre, una veinteañera que no tenía fortaleza ni aguante. Que al primer golpe se había derrumbado sobre sus rodillas y roto a llorar, presa del desconsuelo absoluto.

Pero no, no había pronunciado palabra. Prefería morir brutalmente golpeada a delatarla.

Laura. Esos cretinos, inmundos, hijos de puta, ni siquiera conocían el nombre de la persona a la que perseguían. Laura. Olivia sí que lo conocía, y latía y vivía en su mente, dándole un atisbo de luz en esos momentos en los que sentía rozar la muerte. Laura. Rezaba al Dios en el que no creía porque ella demorase su regreso, no podría soportar la idea de que esos malnacidos sometieran a su tierna, pequeña, frágil y desprotegida Laura a esa tortura criminal.

—¡¿Dónde cojones está la puta preñada esa?!

Olivia gimoteó, removiéndose en el suelo, sintiéndose un gusano. Estaba desnuda. Habían roto su ropa poco a poco, valiéndose de unos cuchillos. Con su blusa, hecha harapos, habían atado con firmeza sus doloridas muñecas. Con sus pantalones, hechos jirones, habían forzado sus delicados tobillos. Por mucho que intentase liberarse, era inútil. Y, aunque lo consiguiera, sabía que no podría huir. La matarían sin miramientos.

Unos instantes de extraño silencio, en los que se condensaba un olor a sangre fresca, sucedieron. La mujer lloriqueaba en silencio, sin poderse contener. Sentía su rostro desfigurado, abrasado por los golpes y la irritación. Su cuerpo desnudo, expuesto a esos ojos pervertidos, se veía golpeado, plagado de hematomas, de cortes. Parecía un animal maltratado a punto de ser sacrificado.

Escuchó cómo revolvían entre sus cajones mientras chismorreaban de manera burlona. Leían sus letras, mofándose. Olivia las reconocía, reconocía sus pensamientos, sus sentimientos. Sus voces graves, vulgares, imperiosas, leían sus escritos contaminándolos entre sus labios. La joven y agonizante escritora se sintió más herida que nunca, prisionera de una melancolía gélida.

—"Y era yo, yo que quería ser eterna. Surcar los cielos, esos tan lejanos, como si caminase hacia él y pudiera tocarlo. Como si fuera ignorante, ignorante, sí, de la imposibilidad de tal hecho..."

Olivia movió los labios, quería suplicarles que parasen. O que la matasen.

—"Lejos, lejos de esta realidad que me tortura. No quiero vivir, pero no dejo de buscar el secreto de la eternidad. Las horas, las horas me matan. Las horas y el tiempo. Y la muerte. Y el hambre. Y ver cómo mi país está en ruinas. En ruinas reales y en ruinas ideológicas".

—Tenemos aquí a una *roja* hasta la médula —comentó

uno.

—Por favor... —barboteó la muchacha.

Escupió gorjeos de sangre al intentar hablar. Aquello pareció divertir a la pandilla de guardia civiles, que estallaron en carcajadas. Olivia intentó moverse, pero el dolor atroz se apoderó de todos los músculos y los huesos de su maltrecho cuerpo.

—Parece que la escritorcilla quiere hablar.

Uno de ellos se arrodilló junto a ella. Olía a sudor y a odio. Olivia entreabrió los ojos con dificultad. Una neblina rojiza rodeó la terrible visión. El cabello le cubría la mirada. Aun así, pudo ver las figuras elevadas alrededor de ella, como figuras casi fantasmagóricas que la hicieron sobrecogerse.

El guardia civil que estaba a su lado le agarró del pelo y la levantó del suelo de un gesto violento. Olivia habría gritado de no ser porque no le quedaban fuerzas en ninguna parte para hacerlo. Su cuerpo se elevó hasta quedar apoyada sobre sus doloridas rodillas. Violentos espasmos recorrían su torso y articulaciones, y un llanto pueril ridiculizaba la escena.

—Creo que quiere leer —aventuró el grueso hombre que todavía asía su cabello. El olor de su aliento le hizo sentir arcadas—¿Por qué no nos lees un poco, escritora? Lee para nosotros.

La joven estaba aterrorizada y temió desmayarse. Uno de ellos, cuyo rostro veía borroso, se inclinó ante su cara con las hojas garabateadas, poniendo sus letras desnudas frente a ella. Olivia era incapaz de vez con nitidez, pero conocía de memoria la mayor parte de sus textos.

—Lee, zorra.

Olivia no se movió.

—Lee, vamos. Lee para nosotros, jodida puta.

El oficial que la agarraba del pelo y que, por lo tanto, la ayudaba a mantenerse erguida, la soltó y empujó su nuca. La mujer se precipitó contra el suelo y se golpeó la nariz con tal fuerza que empezó a sangrar.

—¡Lee o te matamos aquí mismo! Y luego la mataremos a ella. La mataremos y sacaremos a su bebé de sus entrañas.

El bebé de Laura estaba muerto. Pero esos cretinos no lo sabían.

Olivia cerró los ojos.

—*"Te deseo la muerte, te deseo la muerte. Jamás deseé algo con tanta fuerza como verte perecer. Ni el tiempo, ni el olvido, nada, puede mermar este anhelo incansable."*

Respiraba entrecortadamente, siendo ya inconsciente de su desnudez, de sus heridas, de su situación. Ahora, sumergida y amansada por sus letras, tan solo estaba ahí, tendida, en paz.

—*"Te deseo la muerte, te deseo la muerte. Jamás deseé algo con tanta fuerza como verte perecer. Ni el tiempo, ni el olvido, nada, puede mermar este anhelo incansable."*

Si todo acababa ahí. Si ese era el final predestinado al nacer. Morir golpeada y torturada, como si su vida no valiese nada, mientras aquellos hombres abominables se mofaban de sus letras, lo único hermoso que había conseguido crear en su breve existencia.

—*"Te deseo la muerte, te deseo la muerte. Jamás deseé algo con tanta fuerza como..."*

Una de las gruesas botas le propinó una brusca patada en la espalda. Durante unas décimas de segundo, no consiguió respirar. Instantes breves que se le antojaron eternos. La angustia que sintió fue tal que no pudo evitar orinarse encima como una cría asustada.

Después, perdió el conocimiento.

Silencio

Hacía ya algunos días que no sentía molestias intensas y que los mareos habían desaparecido. Por eso, cuando una opresión extraña nació en su pecho y bloqueó su cuerpo, el pánico se apoderó de ella.

Estaba sola en la cafetería, Dorotea se había ido a casa deseando ducharse y dormir, pero Olivia había preferido quedarse con el pretexto de realizar un pequeño control de mercancía. La excusa era pobre, pero la joven y tímida muchacha no se atrevió a reprender a su jefa. Cuando esta cerró la puerta, la anciana apagó las luces y se quedó sola con la iluminación y el calor del fuego, que crepitaba de manera discreta en la chimenea.

El silencio estaba lleno de ruido, ruido de sus pensamientos, agudos, que no se detenían nunca.

El amargo dolor le sobrevino en un instante en el que su mente pensaba en su futuro difuminado. No era una mujer que centraba sus metas en lo que estaba por venir, nunca lo había sido. Más bien, había estado siempre torturada por todo aquello que iba dejando atrás y que no podría deshacerse, no podía volver, no podía modificarse. Ese desasosiego había mermado sus fuerzas intensamente. Era curioso que, ahora, con la muerte abrazándose a ella, con la finitud de sus años tan cerca, mirase con tanta decisión al tiempo venidero, el tiempo que, en realidad, ya no tenía sentido para una vieja solitaria y marchita.

El taburete se tambaleó. Olivia se sujetó a la barra para evitar desplomarse al suelo. Puedo suavizar la caída, pero terminó en el suelo. Jadeó, víctima de la enfermedad y cerró los ojos con fuerza.

La acechaba. El fin vivía a su alrededor, el fin estaba ahí y lo sentía. Traía consigo un olor a sangre y a flores. Un olor a soledad y a silencio. Olivia odiaba la soledad, aunque siempre había estado sola. Y odiaba la impresión, de partir, de irse de esa vida, en profunda soledad.

Suavizó el momento el hecho de que la presencia de Dorotea flotara en su mente aturdida mientras luchaba por respirar. Tal vez sonrió. Pero esa niña que había aparecido en Fontiña, para seguir dando vida a su Café, para dar un sentido a sus últimos días, para otorgar cierta esperanza en el ser humano. Posada en el frío suelo de su cafetería, el lugar que más amaba en el universo, deseó, con las escasas fuerzas que le quedaban, que la suerte no abandonase el futuro de su Dorotea. Que la vida la colmara de sonrisas y felicidad. Y que amase, que amase con fuerza. Que amase con eternidad.

Y que escribiera.

Pasaron unos minutos, o tal vez horas, hasta que se recuperó. A pesar de que creyó que esa sería su última noche, su anciano corazón siguió latiendo y sus pulmones siguieron limpiando el aire. Su aliento era espeso, pero existente y vivo. Consiguió levantar sus doloridos huesos y, jadeando, llegó a una de las sillas y se dejó caer con sensación de debilidad. Un sudor frío, de pánico, cubría su frente como pequeñas perlas brillantes.

Fue extraño masticar en su cordura que había rozado el limbo de la muerte. Ahora era como si acabase de renacer, de volver de un lugar blanco, de volver del vacío más absoluto. Pero también era cierto que no podría burlar el destino ineludible de todo ser humano eternamente. Llegaría su hora, su hora más mortal. Y no demasiado tarde.

Contempló la cafetería con una mirada lacrimógena. Siempre temía que fuera la última vez.

Heridas

—¡Olivia! ¡Olivia! ¿Qué te han hecho?

Sintió la calidez de Laura y se sorprendió al comprobar que seguía con vida. No consiguió abrir los ojos, moverse o hablar. Ni siquiera cuando ella empezó a reclamar su atención con gritos de pánico fue capaz de emitir nada más que un gemido confuso sin significado.

No quería hacerse a la idea de la imagen que proyectaba en sus ojos cristalinos. Con las muñecas atadas a la espalda, al igual que los tobillos, yaciendo en el suelo encogida sobre sí misma. Completamente desnuda, magullada, llena de heridas que evidenciaban las torturas a la que la Guardia Civil la había sometido. Su orgullo y su coraje se habían esfumado. Odiaba que Laura tuviera que presenciar tal cuadro, pero debía reconocer que sentir su presencia fue como un bálsamo en cada rincón de su piel.

No dejó de hablarle, con su tono melodioso, casi musical, a pesar de que titubeaba de nerviosismo. Muy despacio liberó sus articulaciones y la ayudó a incorporarse para depositarla sobre la cama. Olivia no pudo evitar chillar de dolor cuando Laura la levantó y durante unos pocos segundos, perdió de nuevo el conocimiento.

—Tranquila, tranquila. Estoy aquí. Tranquila.

La cubrió con dos gruesas mantas y permaneció a su lado acariciándole el cabello impregnado de sangre. Olivia respiraba despacio, sintiendo un dolor punzante en el tórax, consciente de que, con total seguridad, tuviera algunas costillas rotas. Laura, a pesar de que intentó mantenerse serena, comenzó a lloriquear sin poderlo evitar.

No llores, mi pequeña Laura. No llores. Estoy bien. Estoy bien.

—Esto ha sido por mi culpa. Esto ha sido porque me has ayudado a mí —gimoteaba—. No te mueras, Olivia. Por favor, no te mueras.

No se moriría. Era muy joven y todavía le quedaban largos años por delante, años en los que Laura se esfumaría y ella debería seguir viviendo como cumpliendo una condena. Se removió bajo las sábanas. Laura mojó sus labios con un trapo húmedo y le dio de beber.

—Buscaré a un médico —dijo.

—Es inútil —consiguió balbucear Olivia, mientras un hilo de sangre caía por la comisura de sus labios—. No vendrá, es demasiado arriesgado. Tenemos que irnos.

Sus palabras no salieron de su boca de manera clara, pero ella pareció entenderlas a la perfección.

—Estás herida, terriblemente herida. No podemos irnos a ninguna parte.

—Debemos irnos. O regresarán y nos matarán a las dos.

El miedo de Laura era tan real que Olivia podía olerlo. Pero era consciente de que esa era la única escapatoria. Permanecer en ese lugar era un suicidio. Permanecer en una España aprisionada por la dictadura también lo era. Debían huir de allí si querían disfrutar de la vida y de la libertad.

—Me iré yo. Me entregaré. Te dejarán en paz —balbuceó Laura.

—No.

La mujer consiguió abrir los hinchados párpados y miró el rostro lloroso, joven, inexperto de aquella muchacha de cabellos negros y palidez enfermiza. Se mordía el labio inferior con tanta insistencia que había conseguido hacerse una herida. Se esforzó por sonreír, pero dudó conseguirlo. Notaba el pómulo derecho hinchado y el resto de la cara dormida.

—Partiremos en unas horas. Llegaremos a pie al orfanato que está junto a la iglesia. Allí pueden ayudarnos.

—Olivia, no puedes moverte.

—Lo haré.

—No puedes.

—Sí que puedo —insistió con obstinación.

Intentó incorporarse para reafirmar sus palabras, pero una mueca de dolor cruzó su expresión y se desmoronó sobre la vieja almohada.

—Olivia te vas a hacer daño. Estate quieta.

—Cógeme la mano.

Laura obedeció de inmediato y se la apretó con delicadeza. Estaba helada, como si estuviese en contacto directo con un bloque de hielo.

—Iremos a Argentina —decidió, en un susurro, volviendo a cerrar los ojos—. Allí nada podrán hacernos.

Suicidio

No quiero decirte adiós, Olivia. Pero has de saber que ya hace mucho tiempo que me he despedido de esta vida.

Aquel bebé, mi tesoro, que pereció en mis entrañas, también se llevó todo de mí. Todo. Yo no soy escritora, yo no sé expresarme como lo haces tú, con tanta hermosura. Pero si existiera alguna palabra concreta para expresar lo que sentí cuando mi hijo murió, sería "abandono". Abandoné mi alma, abandoné mis esperanzas, mis fuerzas, mi futuro. Lo abandoné todo y solo quise morir con él.

Me habría ido antes, pero sabía que no podía hacerte esto de manera tan inmediata. Tú, Olivia, me acogiste, me diste un hogar, me diste tu cariño, tu amor, fuiste valiente por las dos, tomaste las riendas por las dos. Me sujetaste con firmeza y no me permitiste fundirme en el vacío y en la nada. Y yo te mentía ocultándote que tan solo buscaba el momento de morirme también.

Me ha torturado la idea de ser una egoísta, de no poder esforzarme por ser feliz. Tú me condujiste hacia la libertad, me otorgaste una nueva vida. Jamás he encontrado a alguien tan admirable, valiente y tenaz como tú. Te conocía por tus letras, pero tu manera de pensar y de ser lo reafirmaron: eres la mujer más maravillosa y hermosa que existe en este mundo atroz. Y doy gracias a Dios por haberme dado la oportunidad de vivir mis últimos años a tu lado.

Lamento no haber podido amarte como tú a mí. Te quiero y siempre te querré, aun después de esta muerte fría a la que me he entregado. Pero yo no podía corresponder a tus besos, a tus abrazos, al sabor de tu lecho. Mi amor, mi adorada Olivia, pereció con mi marido y mi bebé. Mi corazón se enfrió como la noche más amarga y ya ni siquiera latía. Ojalá hubiera podido ser diferente, créeme que me esforcé por revivir en mí un atisbo de luz para devolverte tan siquiera una ínfima parte de tu infinito cariño. Lo siento sinceramente, Olivia.

Ahora, a tan solo unos segundos de quitarme la vida, recuerdo la primera vez que te vi. Recuerdo cómo había buscado tu hogar y había llamado a tu puerta con desesperación. Me pregunto por qué te encontré con tanta facilidad, por qué pensé en ti cuando mi situación era imposible. Tal vez fue el destino, o tal vez fue Dios quien me guio para que te encontrase. De cualquier modo, tus ojos brillantes destellan en mis recuerdos, tus cuidados plagados de cariño me sobrecogen con su calidez. Siempre has dicho que eras pétrea y fría, pero no miento si digo que has alejado el invierno de mi alma desde que estás a mi lado.

La vida podría haber sido hermosa. Tú, cariño mío, te merecías una vida hermosa y yo debía dártela. No pude, y no puedo.

Las horas pasan en ese reloj incansable que está junto a la puerta. Siempre me llamó la atención ese artilugio. Sueles mirarlo fijamente muy a menudo, contemplas el paso del tiempo, de las horas mortales. Las horas que mueren.

Mis horas ya habrán terminado cuando leas esta breve carta. Siento mucho el daño que te estoy causando al irme de forma tan brusca, pero, Olivia, no tengo vida, no puedo seguir luchando más.

En estos momentos estarás trabajando incansable en el Café. Estarás hermosa y radiante, incluso parecerá que bailas entre las mesas y la clientela. Es maravilloso verte feliz.

Sigue con el Café. No lo abandones, no lo abandones.

Y sé feliz, por favor, vida mía, sé inmensamente feliz.

Hasta siempre,

Laura

EPÍLOGO

Hacía tanto tiempo que no escribía, que mis arrugados y torcidos dedos se me antojan extraños golpeando las duras teclas de mi abandonada máquina de escribir. Titubean, como si fuesen novatos, como si todavía fuesen jóvenes e inexpertos. Es curioso cómo, a pesar de todos los años que transcurren, nunca dejamos de aprender. Yo, Olivia Ochoa, ahora, bailando en el umbral de la muerte, todavía intento memorizar y estudiar mis lecciones. Mirar atrás, mirar con dolor hacia el pasado, y repasar punto por punto todos mis errores, mis fracasos y mis anhelos.

Estoy escribiendo, Dorotea, después de haber escrito millones de palabras, después de haber teñido de tinta mil hojas, después de haber publicado un puñado de novelas y de poemarios, después de que las personas me conociesen y me aclamasen, después de que se me otorgasen una serie de premios, de reconocimientos, de méritos que ni siquiera aprecio, que ni siquiera puedo recordar. Estoy escribiendo, Dorotea. Y me siento temblorosa como si se tratase de mi primera vez. Una anciana que no es más que una niña, frente a un folio en blanco, dispuesta a plasmar lo que, con toda seguridad, serán las últimas palabras que escriba antes de irme para siempre. Con toda la presión que esto conlleva, a sabiendas de que ya no me queda más tiempo, ni más oportunidades, ni más ocasiones.

Dorotea, mi gran Dorotea. Has llegado a mi vida en mi ocaso, pero me has aportado una luz infinita y un calor sincero en mitad del invierno de mi vida. Ojalá pudiera devolverte parte de lo que tú me has dado, aun sin saberlo, aun ajena a todo el poder que has traído a mi existencia marchita. Dorotea, eres una joven tenaz, hermosa y con un futuro grandioso frente a ti. A pesar de que la vida te ha maltratado, de que la suerte te ha abandonado y de que no has conocido el cariño que tu bondad desmesurada merece, estoy segura de que jamás te volverá a asolar la tristeza, que jamás nadie volverá a hacerte daño. Porque eres fuerte y valiente. La persona más fuerte y valiente que he tenido la oportunidad de conocer en los largos e interminables años que soporto sobre mis destartalados hombros.

Lo he compartido todo contigo como nunca llegué a hacerlo con nadie. Destapé mi propio corazón, mi alma, y te hablé de Laura, de mi amor por Laura y de la muerte de Laura. Te hablé del cielo encontrado en Argentina y del infierno al que regresé de manera brusca. Te di mi Café y tú lo tomaste como quien coge un bebé entre los brazos. Y lo meciste con tu amor infinito e inagotable, aquel que nadie supo darte pero del que tú estás colmada. Y lo mimaste. Y lo hiciste crecer. Lo llenaste de vida y de felicidad.

Ahora es tuyo, Dorotea. Mi Café es tuyo. Mi casa es tuya. Mis letras, relatos, obras, diarios… todo es tuyo.

No me queda mucho tiempo, Dorotea. No me queda mucho tiempo. Como sabes, las horas, hasta aquellas más aletargadas, caminan hacia un final. Por favor, no sufras por mi muerte ni por mi ausencia. Es inevitable, natural y fría. Las lágrimas tan solo entorpecerían la felicidad de la que no quiero privarte. Sé feliz, Dorotea, sé feliz como yo no he sabido serlo. Sé feliz por mí, y por la memoria de una Laura que tampoco pudo serlo.

El tiempo no es eterno, pero la felicidad, sí. Las horas no son eternas, pero nuestros recuerdos, sí.

La vida no es hermosa, pero podemos creer que sí lo es. Porque, en efecto, hay personas maravillosas en ella que nos hacen olvidar su fealdad.

No es cierto que todas las horas mueren. En realidad, las horas permanecen ahí, lo que muere es el tiempo, pero las horas son eternas e infinitas. Seguirán transcurriendo a nuestro alrededor sin que nos demos cuenta.

No pienses ni te tortures, como yo, por la mortalidad de las horas. Olvida, mi querida Dorotea, que todas las horas mueren.

"La vida es sueño; el despertar es lo que nos mata".

(Virginia Woolf)

ACERCA DE MIRIAM BEIZANA

Nací en mi amada ciudad de A Coruña el 20 de agosto de 1990. En la actualidad, sigo residiendo en las cercanías donde me he desarrollado profesionalmente en la administración orientada al sector industrial.

En junio de 2016 inauguré junto con el escritor David Pierre el espacio de crítica literaria **ALibreria.com**, que en la actualidad está compuesto por seis apasionados de las letras y se ha convertido en un lugar de referencia de la literatura independiente.

Además de mantenerme muy activa en mis Redes Sociales, actualizo semanalmente mi página miriambeizana.com, enfocada a temas literarios y personales.

Hasta la fecha he publicado las novelas:

Marafariña (2015)

Todas las horas mueren (2016)

Inflorescencia (2018)

También he participado en la antología *Personajes de novela* (Ed. Playa de Ákaba, 2016) con el relato *El peso de las lágrimas en la lluvia*; y en la recopilación *Cada día me gustas más* (HULEMS, 2016) con el relato *Ensayo sobre la fragilidad del amor.* En junio de 2017 fui finalista en el XI Certamen de Cuentos Interculturales de Melilla con *El tren,* disponible gratuitamente en Lektu.

Puedes encontrarme en:
Web: miriambeizana.com
    alibreria.com
E-mail: m.beizanaviga@gmail.com
Facebook: https://www.facebook.com/miriambeizana/
Twitter e Instagram: @Marafarinha

* * *

Un último empujón:
Si te ha gustado, me harías un gran favor si dejas tu comentario en Amazon, Goodreads o Lektu, si se lo recomiendas a otras personas que creas que lo pueden disfrutar o, si quieres, me escribes para contarme tu opinión.

Nos leemos pronto… ¡Felices Letras!

Esta novela se empezó a escribir el 4 de julio de 2014, con un esplendoroso sol entrando por la ventana.

Esta novela se terminó de escribir el 22 de junio de 2015 bien entrada la tarde. Una densa niebla lo cubría todo.

Ya disponibles en Amazon y Lektu:

Marafariña (Marafariña I) (2015)

Todas las horas mueren (2016)

Inflorescencia (Marafariña II) (2018)

Printed in Poland
by Amazon Fulfillment
Poland Sp. z o.o., Wrocław